# BRASIL EM DISPUTA

Pedro Rossi

# BRASIL EM DISPUTA

Uma nova história
da economia brasileira

CRÍTICA

Copyright © Pedro Rossi, 2024
Copyright © Editora Planeta do Brasil, 2024
Todos os direitos reservados.

*Preparação:* Caroline Silva
*Revisão:* Ana Maria Fiorini e Thayslane Ferreira
*Diagramação:* Negrito Produção Editorial
*Capa:* Fabio Oliveira

Dados Internacionais de Catalogação na Publicação (CIP)
Angélica Ilacqua CRB-8/7057

Rossi, Pedro
　　Brasil em disputa : uma nova história da economia brasileira / Pedro Rossi. – São Paulo : Planeta do Brasil, 2024.
　　112 p.

Bibliografia
ISBN 978-85-422-2784-0

1. Economia – Brasil – História. 2. Brasil – Política e governo – História. I. Título.

24-3288　　　　　　　　　　　　　　　　　　　　　　　　　　　　　　CDD 330.0981

Índice para catálogo sistemático:
1. Economia – Brasil – História

Ao escolher este livro, você está apoiando o manejo responsável das florestas do mundo

2024
Todos os direitos desta edição reservados à
EDITORA PLANETA DO BRASIL LTDA.
Rua Bela Cintra, 986, 4º andar – Consolação
São Paulo – SP – 01415-002
www.planetadelivros.com.br
faleconosco@editoraplaneta.com.br

*Para Patrícia, Lia e Dora*

# SUMÁRIO

Agradecimentos .............................. 9
Apresentação ................................ 11

1. Distribuição gera crescimento.................... 15
    Limites e contradições ....................... 22
    *Boom* de *commodities* e fluxos de capitais........... 25
    Fases do governo Lula e a resposta à crise
    internacional .............................. 27
    A lição do "estilo Lula" de desenvolvimento ........ 30

2. Copo meio cheio, meio vazio.................... 33
    Desafios estruturais e industrialismo.............. 34
    O mercado financeiro afrontado................. 37
    Uma política cambial ativa..................... 39
    Inflação e conflito distributivo .................. 41
    Desaceleração e ajuste de rota................... 44

3. O choque recessivo e a crise .................... 47
    A cigarra, a formiga e a Nova Matriz Econômica .... 48
    O choque recessivo de 2015..................... 52
    Aspectos políticos do pleno emprego ............. 56

4. A agenda econômica de 2016 .................... 59
   Justificativas econômicas e a natureza do golpe
   de 2016 ........................................ 60
   A agenda de 2016 ............................... 63
   Um teto condiciona o pacto social .............. 66
   Reforma trabalhista e outros aspectos .......... 69
   A agenda de 2016 nas eleições de 2018 .......... 72

5. Novo governo, mesma agenda .................... 75
   Previdência ou morte ........................... 76
   O plano Mais Brasil e os direitos na mira ...... 79
   Austeridade em quarentena ...................... 81
   Liberalização financeira e autonomia do
   Banco Central .................................. 85
   Privatizações e fatiamento da Petrobras ........ 88
   O fracasso da experiência neoliberal ........... 90

Considerações finais: agendas em disputa ......... 93

Bibliografia ..................................... 97
Notas ............................................ 103

# AGRADECIMENTOS

Este livro é resultado de anos de estudo e reflexão pessoal que não seriam possíveis sem um ambiente coletivo de debates. As teses aqui defendidas se beneficiaram de inúmeras interações com amigos, alunos, colegas de profissão, atores sociais etc. Nos últimos anos, os convites para discutir em universidades, empresas, sindicatos, imprensa, organizações, movimentos sociais e audiências públicas foram fundamentais para as formulações das ideias. Sou especialmente grato ao Instituto de Economia da Universidade Estadual de Campinas (Unicamp), onde o pensamento crítico se renova cotidianamente.

Meus artigos acadêmicos e de opinião serviram como base para diversos capítulos do livro, e parte dessa produção foi feita em parcerias. Há três artigos acadêmicos com Guilherme Mello, base para interpretações dos governos Lula e Dilma: o primeiro, intitulado "Componentes macroeconômicos e estruturais da crise brasileira: o subdesenvolvimento revisitado"; o segundo, "Do industrialismo à austeridade: a política macro dos governos Dilma"; e, por fim, o terceiro, sobre a crise de 2015 e 2016, que se chama "Choque recessivo e a maior crise da história: a economia brasileira em marcha à ré".

Os livros que organizei junto com Esther Dweck e Ana Luiza Matos de Oliveira também serviram de insumo: *Economia para poucos: impactos sociais da austeridade e alternativas para o Brasil*, de 2018, e *Economia pós-pandemia: desmontando os mitos da austeridade fiscal e construindo um novo paradigma econômico*, ambos publicados pela editora Autonomia Literária.

Este livro também é um aprofundamento e desdobramento dos capítulos de economia brasileira do livro *Economia para transformação social: pequeno manual para mudar o mundo*, parceria com Juliane Furno, publicado pela Fundação Perseu Abramo e pela editora Autonomia Literária.

Sou grato aos meus coautores e, evidentemente, isentos-os de qualquer responsabilidade sobre o conteúdo deste livro. Também sou grato a Ana Paula Guidolin e Guilherme Proença pela assistência de pesquisa e pelo auxílio com os dados.

# APRESENTAÇÃO

A história recente da economia brasileira é incrivelmente rica. Nos primeiros governos Lula, assistimos a um período inédito de crescimento com distribuição de renda que teve continuidade no primeiro governo Dilma, embora este tenha enfrentado uma desaceleração importante. Em seguida, houve uma guinada na política econômica, uma crise sem precedentes e a deposição de Dilma, que deu lugar a um período de profundas reformas neoliberais nos governos Temer e Bolsonaro e a outra crise, decorrente da pandemia.

Este livro percorre a história de crescimento, crises e rupturas para interpretar seus principais fatos. Essa interpretação contrasta com uma certa "história oficial", aquela que reverbera mais forte nos meios de comunicação, usualmente contada pelos que têm força para pautar a agenda econômica. Ao desafiar a narrativa dominante, este livro se vê obrigado a desconstruir mitos do debate econômico brasileiro e a apontar aspectos políticos e visões teóricas por detrás de proposições dessa área. Além disso, estas páginas buscam teses assertivas sobre cada período histórico, separados em capítulos.

Essas teses são desdobramentos de uma tese central: a de que a história brasileira é marcada pela disputa entre duas agendas econômicas antagônicas, a distributiva e a neoliberal. A primeira se apoia na Constituição para fazer uso do gasto público e do Estado como indutor de um crescimento que resulta da distribuição de renda e da força do mercado interno. Já a segunda agenda propõe reformar a Constituição para reduzir gastos públicos e o protagonismo estatal, e assim buscar estimular o crescimento com base na melhoria das condições de oferta.

O predomínio da agenda distributiva nos governos Lula e Dilma gerou conflitos e tensões de classe. A partir daí, a agenda neoliberal entra em cena como uma solução conservadora para esses conflitos. Essa disputa entre agendas transborda para o plano político – o *impeachment* de Dilma abriu caminho para a consolidação do neoliberalismo, cuja continuidade foi garantida pela prisão de Lula.

Mas a história dá voltas, e as voltas da história tornam impossível prever o que vem pela frente, a não ser aquilo que é certo: a disputa entre as agendas econômicas no Brasil continua. Daí a importância de revisitar o período recente à luz desse embate que remonta à própria promulgação da Constituição de 1988, fonte de pressão sobre os gastos sociais e alvo das críticas e do reformismo neoliberal.

Para apresentar essas teses, o livro se divide em cinco capítulos. No primeiro, são discutidos os dois primeiros governos Lula, com ênfase na descrição da agenda distributiva e do modelo de crescimento que logrou combinar crescimento e distribuição por meio da formação de um mercado de consumo de massa, impulsionado por políticas sociais, aumento de salário mínimo e crédito para as famílias. Apesar de limites e contradições, esse modelo amenizou características típicas do subdesenvolvimento ao incluir uma parcela importante da população no mercado consumidor e reduzir o desemprego, a informalidade e a desigualdade das rendas do trabalho. No entanto, a estrutura produtiva não acompanhou a mudança ocorrida do lado da demanda, deixando desafios para a sucessora.

O primeiro governo Dilma é assunto do segundo capítulo, que busca mostrar a tentativa de ajuste no modelo de crescimento para dar continuidade à agenda distributiva no contexto de um cenário externo adverso e dos desafios estruturais herdados do governo Lula. O "industrialismo" caracteriza a política econômica de Dilma e busca estimular melhorias na estrutura produtiva por meio de desonerações e ajuste de preços estratégicos.

Apesar da baixa efetividade, a gestão da política econômica de Dilma não foi a principal responsável pela crise dos anos 2015 e 2016, tampouco foi um fracasso completo, como propõe a narrativa dominante. Em 2014, apesar da desaceleração da economia, o desemprego estava historicamente baixo e os economistas discutiam se o aumento dos salários dos trabalhadores era excessivo, o que não se encaixa em um cenário de crise econômica.

O breve segundo governo Dilma é tema do terceiro capítulo, que sublinha três pontos principais. O primeiro deles é a caracterização das tensões políticas criadas pela agenda distributiva em um contexto de desaceleração econômica. Já o segundo é a narrativa neoliberal que se forma em torno da necessidade de um forte ajuste macroeconômico. Por fim, o terceiro ponto trata da execução desse ajuste, denominado "choque recessivo" de 2015, que foi responsável por transformar a desaceleração em curso em uma das maiores crises econômicas da história brasileira. Se nos governos Lula a ênfase esteve em políticas de estímulo à demanda e no primeiro governo Dilma o foco foi o estímulo à oferta, aqui a política econômica foi de contração da demanda.

Dessa forma, para entender a crise é preciso considerar a terapia de choque à qual a economia brasileira foi submetida.

Já para entender o reformismo neoliberal característico de Temer e Bolsonaro, é preciso entender o contexto político e a narrativa que atribui a causa da crise aos excessos de gastos e à nova matriz econômica.

O quarto capítulo trata da ascensão de Temer e do seu governo. Argumenta-se que a agenda neoliberal, a "agenda de 2016", é uma resposta à agenda distributiva e dá sentido econômico ao golpe que destituiu Dilma. Discute-se a "Ponte para o Futuro", documento que serviu como plataforma da campanha peculiar de Temer para ocupar a presidência. O desempenho econômico do seu governo, o teto de gastos e a reforma trabalhista também são detalhados no capítulo.

O governo Bolsonaro é original em vários aspectos, mas, na perspectiva econômica, se apresenta como continuidade da agenda de 2016. O quinto capítulo mostra de que modo Bolsonaro lidou com pontos estratégicos dessa agenda, como a reforma da Previdência, a desregulamentação financeira e cambial, a autonomia do Banco Central, privatizações e o desmonte da Petrobras. Além disso, detalha as medidas econômicas de combate à pandemia e os furos no teto de gastos.

Nas considerações finais, faz-se um balanço e um desfecho provisório para uma história que certamente não se encerra com o ponto-final do livro. Espera-se mostrar que as políticas econômicas não devem ser reduzidas a uma avaliação de acertos e erros, mas interpretadas com base em interesses, conflitos distributivos e luta de classes. Essa perspectiva nos permite buscar um melhor entendimento do que está em disputa no Brasil.

# 1
# DISTRIBUIÇÃO GERA CRESCIMENTO

Em 2002, em seu primeiro pronunciamento como presidente eleito do Brasil, Luiz Inácio Lula da Silva declarou: "Queremos constituir um amplo mercado de consumo de massas que dê segurança aos investimentos das empresas, atraia investimentos produtivos internacionais, represente um novo modelo de desenvolvimento e compatibilize distribuição de renda e crescimento econômico".[1] Assim, diante de 150 mil pessoas ao longo da Esplanada dos Ministérios, suas palavras ecoaram o sentimento de que, dessa vez, o país iria virar a página.

Após oito anos de Fernando Henrique Cardoso, o desempenho da economia era fraco e o desemprego, alto. O Plano Real cumpriu a promessa de controle da inflação, mas também promoveu uma rápida transformação da economia brasileira e da sua inserção internacional. A reestruturação do setor produtivo e o aumento da concorrência internacional afetaram a classe empresarial; a queda da renda *per capita* e o desemprego geraram insatisfação na classe média e na parcela mais pobre da população. Nesse contexto, ainda que sem reverter as principais reformas do período anterior, Lula reorientou o modelo econômico.

Em seu governo, crescimento e distribuição estavam alinhados. A agenda distributiva foi base de um processo em que as melhorias na desigualdade modificaram a estrutura de demanda e do mercado de trabalho, resultando em mais crescimento econômico. Apesar de seus limites e contradições, essa agenda entregou melhorias substanciais para a economia brasileira em um contexto internacional que afastava restrições externas ao crescimento.

No centro do modelo econômico dos governos do Partido dos Trabalhadores (PT), encontra-se a inclusão da parcela da população mais pobre no mercado consumidor. O chamado crescimento pelo consumo de massa pressupõe um processo distributivo que amplie o poder de compra da população mais pobre e aumente substancialmente o mercado consumidor de diversos produtos. A constituição de um mercado de consumo de massa por meio de um processo distributivo esteve, e foi explicitada, no programa de governo do partido em 2002 e nos planos plurianuais (PPA) elaborados ao longo do governo Lula.[2] Essa ênfase no mercado interno e na distribuição de renda como elemento dinâmico tinha respaldo teórico na tradição desenvolvimentista inaugurada por Celso Furtado, autor que apontou que a exclusão da população mais pobre do mercado consumidor restringe o mercado interno e, consequentemente, o desenvolvimento produtivo e a modernização produtiva e tecnológica.[3]

Furtado argumenta que a concentração de renda e a estreiteza do mercado de consumo doméstico são fatores que limitam o aumento de escala das empresas e o desenvolvimento da estrutura produtiva.[4] Dessa forma, a modernização dos padrões de consumo, quando restrita a uma parcela mais rica da população, é uma das principais responsáveis pelo subdesenvolvimento. Esse quadro tende a se perpetuar ao produzir má distribuição de renda, atraso tecnológico e coexistência de setores modernos da economia com setores de baixa produtividade, marcados pelo subemprego e pela informalidade. Nesse contexto, uma saída é ampliar e massificar o mercado de consumo doméstico, um dos elementos centrais contidos no programa petista.

Há aqui uma visão de desenvolvimento enquanto intenção política. O desenvolvimento não é resultado da livre concorrência e da espontaneidade das forças de mercado. Para uma economia, desenvolver-se é crescer com mudança estrutural, transformar a estrutura produtiva e a base tecnológica e modificar o mercado de trabalho, os padrões de consumo, as pautas de exportação e importação, a distribuição da renda e da riqueza etc. Crescimento e desenvolvimento, portanto, se distinguem: um momento de crescimento econômico que apenas reforça os aspectos estruturais típicos de países subdesenvolvidos (especialização em produtos primários, mercado de trabalho marcado pelo subemprego, desigualdade social etc.) não pode ser considerado desenvolvimento. Por exemplo, é possível haver crescimento sem desenvolvimento quando o crescimento temporário de preços de *commodities* aumenta as rendas do setor exportador, mas não resulta em transformações relevantes.

O desenvolvimento tampouco tem uma direção única: há diferentes tipos, estilos ou modelos. Seu estilo depende de como uma economia nacional se organiza para produzir e distribuir suas riquezas, de como busca responder às questões "o que", "para quem" e "como produzir", além de "como será distribuído o resultado dessa produção". No passado, o desenvolvimento brasileiro já havia transformado a paisagem econômica com industrialização e alto crescimento, mas conjugados com o aumento das desigualdades sociais e da degradação ambiental. No período Lula, apesar das contradições, o estilo de desenvolvimento teve na distribuição da renda um papel central.

Assim, a formação do mercado de consumo de massa se sustentou em dois pilares: o primeiro foi o da distribuição de renda, promovida por políticas de transferências e aumento de salários; o segundo, o estímulo à inclusão bancária e ao crédito para as famílias. Uma vez constituído, esse mercado estimulou a estrutura produtiva doméstica de forma a atender parte da ampliação da demanda e, por meio de ganhos de escala das empresas domésticas, proporcionou aumentos de produtividade e crescimento econômico.

De fato, a estratégia de desenvolvimento de um mercado de consumo de massa não ficou apenas no papel. Houve uma intencionalidade política que se verificou:

1. Na política de aumento do salário mínimo, que apresentou crescimento real de 70% ao longo dos governos petistas, elevando os rendimentos do trabalho e contribuindo para a redução da desigualdade.[5] Esses aumentos foram inicialmente discricionários e chegaram a 15% nominais em 2005 e 16% em 2006, o que representou, em termos reais, respectivamente, 8% e 13%.[6] Já em 2011, a Lei n. 12.382 estabeleceu as diretrizes para a política de valorização do salário mínimo, que deve ser reajustado conforme a inflação do ano anterior e o crescimento do PIB de dois anos antes.
2. Nas políticas de transferências de renda, tanto com o aumento do valor dos benefícios da Previdência e Seguridade Social (em grande medida vinculados ao salário mínimo) quanto com a criação de programas de transferência como o Bolsa Família.
3. Nas políticas de facilitação do crédito às famílias e empresas, dentre as quais se destacam o crédito consignado, a ampliação do microcrédito e do crédito habitacional e a expansão do crédito dos bancos públicos, em particular após a crise de 2008.

4. No aumento do volume de despesas públicas em áreas sociais como saúde e educação, que representam renda indireta para os mais pobres e contribuem para a geração de empregos formais e informais.

O impacto dessas políticas se concretizou na redução da pobreza e da miséria, além da desigualdade de renda medida pelo índice de Gini, que passou de 0,58 para 0,52 entre 2002 e 2014.[7] A proporção da população que vive com menos de meio salário mínimo por mês passou de 46,6% em 2003 para 29,2% em 2009.[8] Entre os anos de 2002 e 2013, observou-se uma queda expressiva no número de miseráveis, saindo de 45 milhões para 16 milhões de pessoas, com um aumento expressivo dos extratos médios (a baixa classe média, por exemplo, passou de 54 milhões de pessoas em 2002 para 89 milhões em 2013).[9]

Há também uma dimensão da desigualdade relacionada ao bem-estar da população e à provisão pública de diversos serviços. Como mostra Tereza Campello,[10] nos governos Lula e Dilma há uma melhora expressiva no acesso dos mais pobres a recursos como água, saneamento, energia, educação, saúde, moradia, entre outros.[11] Por exemplo, em 2002, apenas 16% dos adolescentes entre 15 e 17 anos no quinto mais pobre da população frequentavam a escola. Em 2015, esse percentual aumentou para 43%. Em 2002, metade da população pertencente aos 5% mais pobres tinha acesso à água no domicílio; em 2015, esse percentual aumentou para 76%.[12] As melhorias nas condições de vida da parcela mais pobre da população revelam outra dimensão da redução das desigualdades não captadas pelos indicadores tradicionais. Além disso, o aumento na provisão pública de bens e serviços sociais é uma forma de renda indireta que permite mais espaço orçamentário para o consumo de bens privados pelas famílias.

Para além da inclusão pelas melhorias sociais e da renda da população mais pobre, o mercado de crédito também incluiu uma parte importante da população. O crédito para pessoas físicas cresceu a taxas elevadas, passando de 9% do PIB em 2003 para 20% em 2010.[13] Nesse campo, destaca-se o crédito consignado, que possibilitou o acesso ao crédito bancário a taxas de juros proporcionalmente mais baixas aos trabalhadores vinculados a sindicatos e aos servidores públicos e aposentados. Essa modalidade de crédito, introduzido em 2003 pela Lei n. 10.820/2003, já representava 3,7% do PIB em 2010.[14]

Com o aumento da renda e do crédito, o consumo de bens duráveis cresceu rapidamente, fazendo a parcela da população com acesso a um conjunto de bens duráveis (telefone, televisão, fogão, geladeira, rádio e máquina de lavar) subir de 28,2% em 2003 para 44,4% em 2012, segundo o IPEA.[15] O crescimento do consumo de eletrodomésticos das famílias brasileiras, medido em quantidade, foi de 148% entre 2000 e 2013.[16]

Dessa forma, ao longo dos governos Lula e Dilma, verificou-se uma ampliação do acesso aos bens de consumo duráveis e uma ampla modernização do padrão de consumo da população brasileira. Essa nova configuração da demanda teve grande impacto no mercado de trabalho, no qual se observa uma redução substantiva do subemprego, uma das características clássicas do subdesenvolvimento apontadas por Furtado.[17] Observou-se também uma queda significativa na taxa de desemprego e o aumento do emprego formal.

A taxa de desemprego caiu de 12% em 2002 para cerca de 5% em 2014,[18] o que, junto ao crescimento do emprego formal (que cresceu dez pontos percentuais, alcançando 63% da força de trabalho ao final de 2013) e ao aumento do salário médio real (crescimento de 17% no mesmo período), ajuda a explicar a melhoria nos indicadores sociais.[19]

Ao mesmo tempo, as profundas mudanças na estrutura de demanda e no mercado de trabalho também foram acompanhadas de transformações do lado da oferta. O investimento em setores ligados ao mercado de consumo de massa teve forte alta nos anos de maior expansão da economia brasileira (2005-2008), com média de crescimento de 13,2% ao ano.[20] No entanto, essa expansão ocorreu principalmente no setor de serviços (14,4% ao ano) e no setor de consumo de não duráveis (12,9% ao ano), enquanto o investimento no setor de bens de consumo de duráveis foi próximo de zero (-0,1% ao ano).[21]

A queda do desemprego, a ampliação da renda e do crédito, a criação de um mercado de consumo de massa, a redução das desigualdades de renda, salarial e regional, a expansão do investimento e a melhora de diversos indicadores sociais evidenciam o sucesso da estratégia distributiva ao longo dos primeiros oito anos de governo petista. A aprovação recorde do governo Lula é um reflexo dessa conjugação entre crescimento e distribuição, fato único na história brasileira.

Além disso, esse período histórico da economia brasileira mostra que é falsa a tese de que é preciso aguardar crescer o bolo para depois distribuir. Não há dilema que nos imponha escolher entre crescer ou distribuir, entre aumentar a provisão de bens públicos ou a produtividade, entre mais salários ou mais empregos. Nos governos Lula, enquanto o salário mínimo e o salário médio aumentavam, o desemprego caía, mostrando que salário não gera apenas custo para as empresas, mas também demanda. O aumento do rendimento dos trabalhadores contribuiu para a expansão da demanda doméstica, ampliando o investimento das empresas.

Assim, é reducionista atribuir a expansão econômica do período Lula a um crescimento artificial do consumo. O modelo de crescimento foi, sim, induzido pelo consumo e pelos aumentos de salários; contudo, o crescimento da taxa de investimento da economia brasileira entre os anos 2006 e 2011 foi superior ao crescimento do consumo, com exceção do ano de 2009, dado o impacto da crise internacional, que cresceu 6,7%, 12%, 12,3% em 2006, 2007 e 2008, caiu 2,1% em 2009 e voltou a crescer 17,9% em 2010 e 6,8% em 2011.[22] Portanto, a tese do "excesso de consumo" ou de um crescimento artificial é falsa.

Da mesma forma, é equivocado atribuir o sucesso econômico do período ao *boom* de *commodities*, dado o peso relativamente baixo do setor agropecuário no PIB brasileiro. Esse setor tem grande importância para a balança comercial, para o estímulo ao investimento e para encadeamentos com setores industriais em alguns setores, mas o motor principal do crescimento não está nele, uma vez que o valor adicionado do setor agropecuário não passou de 5% do PIB no período.[23]

## Limites e contradições

Apesar do evidente sucesso, a agenda distributiva não era isenta de contradições importantes. De certa forma, Lula entregou o que Celso Furtado pedia, uma vez que o ciclo de crescimento aliviou características típicas do subdesenvolvimento ao modernizar os padrões de consumo de uma parcela importante da população e melhorar qualitativamente o mercado de trabalho, reduzindo o desemprego e a informalidade. No entanto, o modelo de crescimento não foi bem-sucedido em modernizar, no mesmo ritmo, a estrutura produtiva de forma a sustentar as transformações do lado da demanda e incluir a mão de obra em setores de maior produtividade.

O descolamento entre os avanços nas estruturas de demanda e oferta doméstica pode ser visto a partir de alguns dados ilustrativos. No triênio 2006-2008, a produção interna cobriu apenas 50,6% da variação da demanda de consumo de bens duráveis, sendo 36,1% atendida por aumento de importações e 13,3% por queda nas exportações. Nesses mesmos setores industriais, o coeficiente importado aumentou de 8,1% em 2005 para 17,3% em 2008, e o coeficiente exportado diminuiu de 12,8% para 9,3%.[24] Nesse sentido, como argumenta Ricardo Bielschowsky, o consumo de massa no Brasil não gerou o dinamismo esperado na oferta doméstica de produtos industriais nacionais, em particular no setor de bens duráveis.[25]

Esse "vazamento" de demanda interna para importações é recorrente nos ciclos de crescimento do Brasil, mas foi agravado pela valorização cambial e pela forma como ocorre a integração da indústria brasileira nas cadeias produtivas globais desde a década de 1990.

Quando a demanda interna é impulsada pelo mercado de consumo de massa, há um grande aumento do conteúdo importado tanto de bens finais quanto de insumos e bens de capital. Isso foi agravado depois da crise financeira internacional de 2008, com a queda na demanda dos países desenvolvidos e o avanço das exportações chinesas, que competem com e deslocam a produção industrial brasileira no mercado doméstico e também em outros mercados, especialmente na América Latina. A China, que antes direcionava seu saldo comercial para países centrais, passou a buscar mercados como o brasileiro e de outros países latino-americanos, onde a demanda por produtos industriais continuava a crescer. Como resultado, a produção industrial estagnou e a indústria brasileira perdeu espaço para a concorrência chinesa e de outros países.[26]

A deterioração do setor industrial brasileiro após 2009 ocorre a despeito de políticas industriais, compras públicas e investimento de estatais, como a Petrobras, e de políticas de crédito capitaneadas pelo Banco Nacional de Desenvolvimento Econômico e Social (BNDES). No modelo de crescimento de Lula e Dilma, houve espaço para a retomada de uma agenda de política industrial e tecnológica, como a Política Industrial, Tecnológica e de Comércio Exterior (PITCE), lançada em 2004, o Plano de Desenvolvimento Produtivo (PDP), de 2008, e, já no governo Dilma, o Plano Brasil Maior (2011) e o Programa Inova Empresa (2013).

A despeito dos problemas específicos dessas políticas, talvez a grande lacuna do período tenha sido a falta de interação entre as políticas industrial e macroeconômica. Como mostra um artigo, parceria minha com Marco Antônio Rocha, a agenda pró-indústria foi dificultada por políticas macroeconômicas que imprimiam desafios ao setor industrial, como a volatilidade das taxas de câmbio e de juros, uma tendência à apreciação cambial até 2011 e uma taxa de juros estruturalmente alta para padrões internacionais.[27] Assim, essas políticas levaram a ganhos de competitividade em certos momentos e para setores específicos (como a cadeia de petróleo e a automobilística), mas não foram suficientes para suprir o aumento da demanda verificado no período.

Ou seja, enquanto a agenda pró-indústria melhorava a produtividade de determinados setores, a valorização cambial e os juros altos pressionavam em sentido contrário. Desse modo, essas políticas foram incapazes de proteger o setor industrial especialmente no contexto de crise internacional com a redução da demanda dos países centrais e o avanço das exportações asiáticas no Brasil e em mercados latino-americanos.

Por fim, vale destacar também que a inclusão social pelo mercado de bens privados não se confunde com a homogeneização das condições de vida da população. Uma crítica da esquerda à agenda distributiva do governo Lula é que o avanço no campo da melhoria dos bens públicos poderia ter sido maior. Além disso, o acesso a bens de consumo privados impulsionado pelo crédito, em um país de alta taxa de juros, traz consequências distributivas negativas via pagamento de juros, assim como as políticas de inclusão que passam pelo mercado de crédito, como o Fundo de Financiamento Estudantil (FIES), entre outras.[28]

## *Boom* de *commodities* e fluxos de capitais

Como destaca Carlos Medeiros, o ciclo de crescimento brasileiro foi auxiliado pelo relaxamento da restrição externa devido a dois fatores principais: a melhoria expressiva dos termos de troca e a forte entrada de capitais estrangeiros no âmbito de uma expansão da liquidez global antes e depois da crise de 2008.[29]

Em relação ao primeiro fator, a melhoria nos termos de troca desempenhou um papel duplo e contraditório no desenvolvimento brasileiro recente, pois, de um lado, contribuiu para a formação do mercado de consumo de massa por meio do barateamento dos bens industriais e da disponibilidade de divisas para sua importação. De outro, essa melhora nos termos de troca reforçou a reprimarização[30] da pauta exportadora, promoveu o aumento das importações e dificultou a transformação da estrutura produtiva ao gerar rendimentos extraordinários no setor produtor de *commodities*.

Entre 2007 e 2010, a participação dos produtos primários saltou dez pontos percentuais, alcançando 51% das exportações brasileiras, enquanto a pauta importadora mostrou uma composição relativamente estável no mesmo período.[31] Nesse sentido, não houve uma melhora na composição do comércio externo, considerada como um elemento central por Celso Furtado. Pelo contrário, a assimetria entre a pauta importadora e exportadora foi reforçada.

Daí uma contradição do modelo. O barateamento dos bens industriais importados e o excedente produtivo do setor primário foram funcionais para a sustentação do mercado de consumo de massa, mas, ao mesmo tempo, contribuíram para a deterioração da pauta de comércio externo e da estrutura produtiva.

Da mesma forma, os fluxos de capital estrangeiros cumprem um papel semelhante na economia brasileira ao reforçar a valorização cambial nesse período. Dada a nossa abertura financeira, a moeda brasileira é muito suscetível aos movimentos do ciclo de liquidez internacional e extremamente correlacionada com os preços internacionais de *commodities*.

A teoria da hierarquia de moedas, desenvolvida na Unicamp, mostra que a excessiva volatilidade cambial é uma manifestação contemporânea do subdesenvolvimento e tem diversos efeitos perversos. Países como o Brasil, com moeda periférica e ampla abertura financeira, estão sujeitos a uma instabilidade macroeconômica que se transmite da volatilidade dos fluxos capitais financeiros para os preços-chave da economia, como as taxas de câmbio e de juros.[32]

Em especial, a taxa de câmbio real-dólar é uma das mais voláteis do sistema internacional e costuma se valorizar mais nos momentos do *boom* do ciclo de liquidez e se desvalorizar mais na virada do ciclo. Isso decorre de características estruturais da economia brasileira que favorecem a especulação cambial: um mercado de derivativos de câmbio extremamente líquido e uma taxa de juros estruturalmente alta para padrões internacionais.[33]

Assim, a entrada de capitais externos estimulada pelos altos juros contribuiu para uma forte valorização cambial da taxa real-dólar, o que, de um lado, impulsionou o funcionamento do mercado de consumo de massa ao reduzir os preços dos bens e amenizar as pressões inflacionárias decorrentes do processo redistributivo e, de outro, produziu efeitos perversos sobre a estrutura industrial.

Adicionalmente, o aumento dos investimentos diretos estrangeiros no Brasil foi expressivo, passando de US$ 108 bilhões em março de 2003 para US$ 660 bilhões em março de 2015.[34] Esses investimentos podem propiciar transferências tecnológicas e modernização da estrutura produtiva doméstica, mas, ao mesmo tempo, aumentam a transferência de rendas do Brasil para o exterior e desnacionalizam a estrutura produtiva, o que condiciona as decisões de investimento produtivo às estratégias globais das multinacionais.

## Fases do governo Lula e a resposta à crise internacional

A gestão econômica no governo Lula não foi homogênea e pode ser dividida em duas fases. A primeira é delimitada pela gestão de Antonio Palocci no Ministério da Fazenda (2003-2006) e marcada pelos elementos de continuidade da ortodoxia na condução da política macro. O início do governo Lula enfrentou a herança dos governos Fernando Henrique Cardoso, caracterizada pelo endividamento externo e pela alta da inflação, que no ano de 2002 foi de 12%.[35] Durante os governos FHC, o país foi três vezes ao Fundo Monetário Internacional (FMI) pedir empréstimos – a primeira em 1998, quando US$ 41 bilhões garantiram a continuidade temporária da âncora cambial[36] e, diga-se de passagem, a reeleição de FHC; em 2001, diante das turbulências internacionais e da crise argentina; e em 2002, já no período eleitoral. Esses acordos impunham condicionalidades e metas a cumprir, avaliadas pelas missões do FMI.

Durante o período eleitoral, a reação do mercado à iminente eleição de Lula provocou fuga de capital, desvalorização cambial e uma enorme pressão política. A Carta ao Povo Brasileiro, lida por Lula durante sua campanha, trazia acenos ao mercado financeiro com afirmações como a "premissa dessa transição será naturalmente o respeito aos contratos e obrigações do país [...]. À parte manobras puramente especulativas, que sem dúvida existem, o que há é uma forte preocupação do mercado financeiro com o mau desempenho da economia e com sua fragilidade atual, gerando temores relativos à capacidade de o país administrar sua dívida interna e externa".[37]

Nessa linha, o documento apontava o compromisso com o ajuste fiscal: "é preciso compreender que a margem de manobra da política econômica no curto prazo é pequena", e, ainda, "vamos preservar o superávit primário o quanto for necessário para impedir que a dívida interna aumente e destrua a confiança na capacidade do governo de honrar os seus compromissos".[38]

Diante disso, Lula nomeia Meirelles no Banco Central e Palocci na Fazenda, que elevam a taxa de juros Selic para 26,5% e a meta de superávit primário para 4,25%, o que implica corte de gastos e aumento de impostos.[39] As medidas têm o suposto objetivo de "acalmar" o mercado, atrair fluxos de capitais externos e conter a crise cambial. O câmbio, de fato, escorrega e passa de R$ 3,53 por dólar na posse de Lula para R$ 2,97 seis meses depois.[40] Contudo, com as restrições monetárias e fiscais, o primeiro ano de governo Lula foi de baixo crescimento (1,1%), mas nos anos seguinte a economia foi impulsionada pelo cenário externo externo; em 2004 e 2005, o PIB cresceu 5,8% e 3,2%, respectivamente, com forte crescimento das exportações (14,5% e 9,6%) no contexto do *boom* das *commodities*.[41]

O ano de 2006, quando Guido Mantega assume o posto de ministro da Fazenda, marca o início de uma inflexão na política econômica do governo Lula, acentuada pela crise internacional. A taxa média de crescimento do investimento público do governo central passou de 0% entre 2002 e 2006 para 25% entre 2006 e 2010.[42] As estatais federais também aceleraram o investimento, que cresceu a uma taxa média de 23% nos anos de 2006 a 2010.[43]

Outra marca da segunda fase do governo Lula é o Plano de Aceleração do Crescimento (PAC), lançado em janeiro de 2007, com previsão inicial de investimentos na ordem de R$ 500 bilhões em setores como energia – alvo da crise do apagão no governo FHC –; infraestrutura urbana e social, com ênfase em habitação e saneamento; e infraestrutura logística, com investimentos em rodovias, aeroportos, ferrovias e portos.

A partir de 2008, a crise financeira internacional reforça a mudança na condução da política econômica e acentua o papel do Estado brasileiro na economia. Longe de ser a "marolinha" apontada por Lula, a crise teve impactos profundos, como a queda na demanda internacional, a redução na disponibilidade de crédito externo e a forte desvalorização cambial. Diante dela, o governo atua em várias frentes: no campo fiscal, flexibiliza a meta de superávit primário, que é reduzida de 3,8% para 2,5%, da qual se excluiu o resultado da Petrobras e se permitiu o abatimento de investimentos públicos de em torno de 0,5% do PIB.[44] Aumentou-se o investimento público, sobretudo em habitação, por meio do programa Minha Casa, Minha Vida, lançado em março de 2009. Do lado tributário, foram promovidas desonerações tributárias em setores com alto poder de encadeamento e geração de empregos, como a redução do IPI de automóveis, linha branca, materiais de construção, bens de capital, entre outros.

Na frente monetária, o Tesouro Nacional faz um aporte para o BNDES de R$ 100 bilhões, algo em torno de 3% do PIB, para ser usado para financiar o investimento, capital de giro, exportações etc.[45] Além disso, o Banco Central promoveu uma redução dos depósitos compulsórios e da taxa Selic, que foi de 13,75% em dezembro de 2008 para 8,75% em julho de 2009.[46] Essa redução dos juros foi tardia, considerando a gravidade da crise e a imediata redução das taxas de juros no mundo assim que eclodiu a crise financeira internacional.

Já no mercado de câmbio, o governo atuou para conter a desvalorização da moeda brasileira com a venda de reservas e *swaps* cambiais, criando, além disso, linhas especiais de empréstimos das reservas internacionais para o financiamento das exportações brasileiras diante da indisponibilidade de financiamento externo. A pressão pela desvalorização da moeda brasileira se inverteu e, a partir de março de 2009, o problema passou a ser conter a rápida valorização cambial, impulsionada pelo afrouxamento monetário nos países centrais.

Vale destacar que a redução da vulnerabilidade externa anterior a 2008 deixou o Brasil mais preparado para enfrentar a crise. Entre 2003 e 2008, o governo Lula reduziu a dívida externa do governo e liquidou a dívida com o FMI. Mais ainda, acumulou mais de US$ 200 bilhões em reservas internacionais. Com isso, o passivo externo líquido ficou negativo e, consequentemente, a desvalorização cambial melhorou as contas do governo. Ou seja, antes, as crises cambiais resultaram em crises fiscais, uma vez que o governo devia em dólares e o preço da dívida subia em reais; já em 2008, observou-se o contrário: os ativos do governo – reservas cambiais – se valorizaram com o movimento da taxa de câmbio.[47]

## A lição do "estilo Lula" de desenvolvimento

O modelo de crescimento distributivo iniciado nos governos Lula pode ser entendido em uma perspectiva estruturalista, com base nas formulações de Celso Furtado. No centro, encontra-se o mercado de consumo de massa, impulsionado por um conjunto de políticas econômicas.

A dinâmica desse modelo logrou amenizar características típicas do subdesenvolvimento (i) ao modernizar os padrões de consumo de uma parcela importante da população; e (ii) ao melhorar qualitativamente o mercado de trabalho, reduzindo o desemprego, a informalidade e a desigualdade das rendas do trabalho, em condições de relaxamento da restrição externa.

No entanto, o modelo de crescimento não logrou (i) modernizar a estrutura produtiva de forma a sustentar as transformações do lado da demanda; (ii) incluir a mão de obra em setores de maior produtividade; e (iii) diminuir a vulnerabilidade estrutural inerente à especialização em exportações de *commodities* básicas.

Ou seja, houve uma modernização e massificação dos padrões de consumo, sem que, contudo, ocorresse uma modernização na mesma intensidade da estrutura produtiva que pudesse dar sustentação ao processo de desenvolvimento e superar entraves estruturais típicos do subdesenvolvimento.

Além disso, o período é marcado por contradições, uma vez que alguns elementos que davam sustentação ao ciclo de consumo contribuíram para deteriorar a estrutura produtiva. Destaca-se a melhoria expressiva dos termos de troca, que, por um lado, relaxou a restrição externa e contribuiu para a valorização cambial, barateando bens industriais e consolidando o amplo mercado consumidor, mas, por outro, aumentou a fragilidade do setor industrial com grande aumento dos insumos importados.

Da mesma forma, a forte entrada de capitais estrangeiros no âmbito de uma expansão da liquidez global, antes e depois da crise de 2008, aumentou a capacidade de absorção externa da economia brasileira, mas implicou valorização cambial, além de uma desnacionalização da estrutura produtiva doméstica.

Essas contradições deixaram para o primeiro governo Dilma a necessidade de ajustes estruturais. No entanto, a lição que ficou desse arranjo de desenvolvimento foi o papel central da distribuição da renda e da inclusão social como motor dinâmico. Não há contradição entre o aumento do salário mínimo e a redução do desemprego, entre a expansão do consumo das famílias e a expansão do investimento das empresas, entre investimentos públicos e investimentos privados. Distribuição gerou crescimento.

# 2
# COPO MEIO CHEIO, MEIO VAZIO

De acordo com a narrativa dominante, a condução da política econômica no primeiro governo Dilma Rousseff é a principal responsável pela recessão econômica dos anos 2015 e 2016. Segundo essa narrativa, a crise seria resultado do acúmulo de desequilíbrios criados, sobretudo, por erros de condução da política macroeconômica e excesso de intervencionismo estatal.[1]

Contudo, a política econômica do primeiro governo Dilma buscou dar soluções para os desafios impostos pela nova conjuntura internacional e pela desaceleração cíclica do modelo de crescimento herdado dos governos Lula. Diferentemente do que propõe a narrativa dominante, a gestão da política econômica desse governo, apesar dos erros, não foi a principal responsável pela crise, tampouco foi um fracasso completo.

Na perspectiva do copo meio cheio, o primeiro governo Dilma entregou a menor taxa de desemprego da série histórica e a continuidade na melhoria de indicadores sociais. Já na perspectiva do copo meio vazio, a estratégia não foi bem-sucedida em preservar as elevadas taxas de crescimento do governo Lula, nem em reorientar o modelo de crescimento brasileiro em um cenário internacional adverso.

## Desafios estruturais e industrialismo

Os governos Lula deixaram para sua sucessora importantes desafios estruturais que se tornaram aparentes com os efeitos defasados da crise internacional de 2008 e 2009 e que exigiam readequação do modelo de crescimento e mudanças na política macro. A queda da demanda por importações nos países centrais acirrou a competição por mercados consumidores e redirecionou os superávits comerciais dos países asiáticos, prejudicando, assim, especialmente os setores industriais brasileiros, que perderam mercados externos e espaço no mercado doméstico.

Além disso, a partir do fim de 2011, houve uma queda nos preços das *commodities*, afetando negativamente o comércio externo e os chamados termos de troca da economia brasileira com o restante do mundo. Ao mesmo tempo, foi possível observar uma desvalorização da moeda brasileira, que aliviou alguns setores produtivos, mas enfraqueceu um dos mecanismos de sustentação do mercado de consumo de massa, como visto no capítulo anterior.

Do ponto de vista interno, o ciclo de crédito começava a desacelerar e, ao longo do primeiro governo Dilma, o crédito para as famílias caiu em relação à renda, com exceção do crédito direcionado, especialmente o habitacional, que continuou a crescer. Além disso, o consumo de bens duráveis desacelerou, em parte por conta da desaceleração do crédito, mas também por conta da redução da demanda potencial.

Uma das características do consumo de bens duráveis é seu caráter cíclico. Não se compra uma geladeira, um carro ou uma máquina de lavar todo ano. Quando se inclui uma parcela importante da população no mercado de consumo de bens duráveis, a demanda cresce até certo ponto, depois desacelera. Enquanto se aumenta a demanda por duráveis, criam-se efeitos dinâmicos em setores com alto poder de encadeamento, o que gera crescimento econômico e empregos, mas, quando a demanda potencial é atendida, esses efeitos deixam de acontecer, o que impacta a taxa de crescimento.

O caráter estratégico desses setores foi utilizado em 2009 na resposta à crise internacional por meio de incentivos tributários para a compra de eletrodomésticos e automóveis. Esses estímulos mostraram grande eficácia para estimular a demanda em um primeiro momento, mas o mesmo não se pode dizer de sua sustentação nos anos seguintes.[2]

Diante do cenário externo adverso e da desaceleração do crédito e do consumo doméstico, a indústria brasileira passou por dificuldades. A chamada "desindustrialização" ficou evidente em uma série de indicadores, como a queda acentuada da participação da indústria de transformação no valor adicionado, na participação no emprego e no investimento total e, especialmente, no aumento do coeficiente importado da indústria brasileira.[3] Nesse contexto, a opção foi por reorientar o modelo para dar competitividade aos setores industriais e estimular o investimento privado. Esse é o pano de fundo do que chamamos de industrialismo.[4]

O termo "industrialismo" diz respeito a uma agenda política de estímulo aos setores industriais e se apresenta como uma reação aos dilemas enfrentados pelo modelo de crescimento com inclusão social dos governos Lula diante de um novo contexto econômico. Essa estratégia não resulta necessariamente em um efeito industrializante, apesar de esse ser seu objetivo, porque a melhoria nas condições de competitividade pode recompor margens de lucro dos empresários, mas não necessariamente leva ao investimento e ao aumento da produção e do emprego industrial.

Dessa forma, a adoção de uma agenda pró-indústria, ou "agenda Fiesp", como propõe Laura Carvalho em seu livro *Valsa brasileira*, constituiu uma tentativa de responder à deterioração estrutural do complexo industrial brasileiro, alinhando-se a uma série de propostas defendidas por entidades empresariais.

Em razão disso, a agenda central do governo passou a ser a de garantir condições de competitividade para a indústria nacional em meio ao cenário internacional adverso reduzindo custos de insumos (como os custos de energia elétrica e combustível), custos de crédito (ao aumentar o financiamento via bancos públicos e reduzir os juros via Selic, em um primeiro momento, e o *spread* bancário) e o custo do trabalho (por meio de desonerações dos encargos trabalhistas); promovendo a desvalorização da moeda brasileira; e formulando uma ampla política de subsídios e isenções fiscais a fim de reduzir o custo tributário. No centro do diagnóstico industrialista, encontra-se o discurso da produtividade, apontando para a queda de rentabilidade das empresas industriais como o problema a ser enfrentado.

Essa estratégia é distinta da verificada ao final do governo Lula, que foi marcada pela centralidade dos incentivos à demanda como forma de superação da crise internacional, com o aumento dos investimentos públicos e a promoção de políticas fiscal e creditícia anticíclicas. Já a estratégia do governo Dilma se baseou majoritariamente na aposta em políticas voltadas para o lado da oferta, ou seja, de estímulo ao setor privado por meio da redução dos custos produtivos para diversos setores da indústria nacional.[5]

Enquanto a oferta não respondia, a demanda desacelerou, em parte pelo cenário externo e pelas mudanças estruturais já citadas, mas também pela redução dos estímulos à demanda por parte do governo: a taxa de crescimento do gasto público se reduziu, assim como o investimento público, que entre 2006 e 2010 cresceu à taxa média de 17% ao ano, enquanto entre 2010 e 2014 foi de −1%.[6]

## O mercado financeiro afrontado

Junto com a política voltada para o setor industrial, o primeiro governo Dilma lançou mão de políticas que afetaram a rentabilidade de outra fração do capital, no caso, o capital financeiro. A queda de juros entre 2011 e 2012, o estabelecimento de limites para a rentabilidade nas concessões públicas, a "guerra dos *spreads*" bancários, a expansão do crédito público, o controle rigoroso de preços administrados, o IOF sobre derivativos de câmbio, a administração dos fluxos de capitais, entre outras medidas que compuseram a estratégia industrialista, desagradaram setores importantes da burguesia nacional.

A queda da taxa de juros Selic em 2011, por exemplo, provocou fortes reações do mercado. Naquele contexto, a definição da taxa de juros básica da economia geralmente referendava a opinião média do mercado, expressa no Relatório Focus, uma pesquisa do Banco Central que resume as expectativas fornecidas pelas instituições de mercado. Dessa forma, o presidente do Banco Central promoveu uma redução da taxa "não pactuada", contrariou as expectativas do mercado e logo foi rotulado pela imprensa como um burocrata submisso ao Palácio do Planalto.

Justificada pela deterioração do cenário internacional e pela redução das estimativas de crescimento, a taxa de juros foi de 12,5% em setembro de 2011 para 7,25% em outubro de 2012.[7] Assim, no primeiro mandato de Dilma, o Brasil teve taxas de juros com menos de dois dígitos pela primeira vez desde a adoção da Selic, em 1999, e o mercado conviveu com a menor taxa de juros real da história recente, o que contrariou interesses rentistas.

Além da disputa acerca da taxa de juros básica da economia, o primeiro governo Dilma também enfrentou os interesses do mercado financeiro ao promover a chamada "guerra dos *spreads*". Esse enfrentamento, anunciado oficialmente como política de governo no discurso de Dilma no Primeiro de Maio de 2012, ocorreu por meio da utilização dos bancos públicos para forçar a redução do *spread* bancário e das taxas de juros para empréstimos.[8]

Apesar de enfrentar forte resistência dos bancos privados, a medida do governo serviu efetivamente para reduzir o custo de crédito para pessoas físicas e jurídicas. O *spread* médio das operações de crédito apresentou uma queda de aproximadamente 4,5% entre março de 2012 e dezembro de 2013, saindo de um patamar próximo a 15,5% para 11%.[9]

A medida também contribuiu para ampliar a participação dos bancos públicos no mercado de crédito brasileiro e o volume de crédito com recursos direcionados em relação àqueles com recursos livres. A Caixa Econômica Federal teve especial destaque na expansão do crédito imobiliário por meio do programa Minha Casa, Minha Vida.

Entre 2008 e 2012, a participação do crédito habitacional no PIB saltou de 0,78% para 2,23%.[10] Essa modalidade de crédito ocupa um espaço crescente na carteira de crédito do brasileiro, tendo feito a participação do crédito imobiliário no endividamento total das famílias saltar de 5% em 2008 para 18% em 2014 diante da estagnação de outras modalidades de endividamento em torno de 27%.[11] Essa alteração sinalizou uma melhoria na composição do endividamento, já que o crédito imobiliário é mais longo e de menor custo que outras formas de crédito pessoal.

Ainda nesse período, o BNDES foi capitalizado para expandir sua carteira de crédito, passando de ativos totais no valor de R$ 549 bilhões em 2010 para R$ 877 bilhões em 2014. A expansão do desembolso total também foi significativa, passando de R$ 138,9 bilhões em 2011 para R$ 187,8 bilhões em 2014.[12]

## Uma política cambial ativa

Quando Dilma Rousseff assumiu a presidência, o contexto internacional estava marcado pelo afrouxamento monetário americano.[13] Atraídos pelas altas taxas de retorno, bancos e investidores internacionais especularam com a moeda brasileira, que entre março de 2009 e julho de 2011 se valorizou 33% em relação ao dólar – a maior valorização entre as principais moedas relevantes do sistema.[14] Essa valorização da moeda brasileira era tida como uma das causas da desindustrialização e um problema a ser enfrentado pelo governo Dilma e pela orientação industrialista, descrita anteriormente.

As intenções do governo em atuar ativamente para mitigar essa valorização do câmbio ficam evidentes tanto na diversidade e no ineditismo das políticas cambiais adotadas no Brasil quanto no plano do discurso econômico. A metáfora da "guerra cambial", empregada pelo ministro Guido Mantega no âmbito do G20, em 2010, obteve ampla repercussão internacional. A ideia remete à década de 1930, quando países centrais competiam desvalorizando suas taxas de câmbio para exportar mais para os outros em um contexto de tensões internacionais crescentes que culminaram na Segunda Guerra Mundial. O ministro adaptou a expressão para o cenário em que os países centrais reduziam fortemente os juros e aumentavam a emissão monetária, forçando uma desvalorização de suas moedas. Além disso, a China mantinha sua taxa de câmbio fixa, com o dólar em patamar desvalorizado. Enquanto o dólar americano e o renminbi chinês se desvalorizavam, outras moedas se valorizavam, e países como o Brasil perdiam competitividade externa.

No mesmo sentido, a expressão "tsunami monetário", usada por Dilma Rousseff, destaca que a natureza do problema cambial era a entrada excessiva de dólares na economia brasileira, que gerava a valorização da moeda e reduzia a competitividade dos setores produtivos domésticos. Além disso, a metáfora apontava a política monetária dos países centrais como a origem dos problemas. Assim, naquela conjuntura específica, esse discurso atendeu ao propósito de legitimar a implementação de um arsenal de políticas cambiais destinadas a reduzir a entrada de capitais especulativos e mitigar os efeitos da valorização.

Até 2011, a política cambial se limitava às intervenções nos mercados à vista, aos *swaps* reversos e tradicionais e à regulação dos fluxos de capital, que desde 2008 vinha sendo adotada pelo governo Lula com a instituição do Imposto sobre Operações Financeiras (IOF) sobre investimentos de portfólio dos estrangeiros em renda fixa e variável.[15] Com o governo Dilma, abre-se um leque de instrumentos de política cambial que passa a atuar também com políticas regulatórias voltadas para o mercado interbancário de câmbio e para o mercado de derivativos.[16]

Como discuti no livro *Taxa de câmbio e política cambial no Brasil*, com essas medidas montou-se uma institucionalidade capaz de evitar a valorização, reduzir a volatilidade da moeda brasileira e administrar a flutuação da taxa de câmbio. Essa capacidade de administração pôde ser observada no segundo semestre de 2012, em particular entre 4 de julho e 12 de novembro de 2012, quando a taxa de câmbio real-dólar flutuou no intervalo entre R$ 2 e R$ 2,05 por dólar, sendo a sua menor volatilidade desde o abandono do regime de bandas cambiais do Plano Real em 1999.

Isso porque as medidas regulatórias instituídas no mercado de derivativos e no mercado interbancário reduziram a especulação cambial e permitiram ao Banco Central o manejo da taxa de câmbio com intervenções (vendas e compras) e *swaps* (tradicional e reverso) que impactaram de forma efetiva a formação da taxa de câmbio.[17] Nesse curto período, o real se desgarrou do ciclo de liquidez internacional e reduziu sua correlação com outras moedas, índice de *commodities* e outras variáveis financeiras.

Essa experiência, que desagradou os representantes do mercado financeiro, mostrou que a política cambial pode ter êxito em reduzir a volatilidade cambial e a especulação com a moeda brasileira. Boa parte das medidas cambiais foram removidas ao longo de 2013, e a administração dos fluxos e dos estoques no mercado interbancário deu lugar a uma política de operações diárias com *swaps* cambiais. Essa foi uma forma mais amigável ao mercado de interferir na flutuação cambial, pois, em vez de impor custos à especulação com instrumentos tributários, o Banco Central ofertou ao mercado, por meio de leilões, uma ampla quantidade de dólar futuro. Com muita oferta, o dólar futuro fica mais barato e a taxa de câmbio à vista é afetada.

## Inflação e conflito distributivo

O efeito colateral de uma agenda distributiva de desenvolvimento é a pressão sobre determinados preços da economia brasileira. A chamada inflação de conflito distributivo, causada por uma disputa entre trabalhadores e capitalistas pela apropriação da renda nacional, é agravada quando o Estado induz processos de distribuição de renda por meio de políticas sociais e aumentos de salário mínimo, assim como em momentos de baixo desemprego em que os trabalhadores estão organizados, obtendo reajustes salariais acima da inflação e dos ganhos de produtividade.[18]

O termo conflito distributivo se refere à disputa entre trabalhadores e capitalistas de diferentes setores econômicos pela apropriação da renda nacional. A demanda por melhores salários dos trabalhadores pode ser atendida pelos empresários, mas repassada para os consumidores via aumento de preços das mercadorias. Os trabalhadores, ao se darem conta de que os preços subiram, demandam mais aumentos salariais, gerando um círculo vicioso no qual aumentos de salários resultam em aumentos de preços, que levam a mais reivindicações por aumento de salários. A causa da inflação, portanto, é um conflito em que o capitalista busca aumentar suas margens de lucros e o trabalhador busca aumentar o seu salário.

Não é possível entender a inflação dos governos Lula e do primeiro governo Dilma desconsiderando os impactos do processo distributivo e a melhoria no mercado de trabalho. Com o aumento do custo do trabalho, dado o crescimento dos salários, aumentam-se especialmente os preços dos serviços, atividades intensivas em mão de obra e que geralmente não sofrem concorrência estrangeira. De fato, ao longo do segundo governo Lula e do primeiro governo Dilma, a inflação de serviços no Brasil esteve acima da inflação média e só se reduziu em 2016, com o fim da agenda distributiva e a desarticulação de seu modelo de crescimento, que levou ao aumento do desemprego e à queda do rendimento dos trabalhadores, como veremos adiante.

De forma a contrapor a pressão de preços de serviços, os dois governos Lula se beneficiaram da valorização da taxa de câmbio, que contribuiu especialmente para conter a inflação de bens industriais, reforçando as contradições apontadas no primeiro capítulo. Ou seja, de um lado, impulsionou o mercado de consumo de massa; de outro, impôs perdas de competitividade a setores industriais.[19]

Já no governo Dilma, a taxa de câmbio passou a ser peça importante da estratégia industrialista, e a forma de compensar a pressão da inflação de serviços foi o uso dos preços monitorados, que passaram a crescer abaixo da média do IPCA. Assim, para o ajuste de rotas no modelo econômico distributivo, o governo fez uso do controle de preços estratégicos, como os de energia e combustível.

Já a alternativa ortodoxa para o controle da inflação implicava justamente o abandono da agenda distributiva. Isso ficou claro nas declarações de economistas de mercado que argumentavam que era necessário gerar desemprego e estimulavam um intenso debate sobre o aquecimento exagerado do mercado de trabalho e sobre o crescimento salarial acima da produtividade. Esse debate expôs um conflito de interesses, pois a "solução conservadora" resolve o problema da inflação por meio do desemprego e da queda de salários reais. Em 2013, por exemplo, a apresentadora Ana Maria Braga vestiu um colar de tomates, sugerindo que, por conta da inflação, o item se tornara valioso a ponto de ser exibido. O fato é que a inflação foi instrumentalizada para criticar as medidas econômicas do governo Dilma e a agenda distributiva que produzia a inflação de salários.

A inflação média no primeiro governo Dilma, medida pelo IPCA, foi de 6,17%, próxima ao teto e acima do centro da meta de inflação de 4,5% e da inflação média do segundo governo Lula (5,15%). Já a inflação de serviços no primeiro governo Dilma foi superior a 8%, e a inflação de preços monitorados, em torno de 4%.[20] O controle dos preços monitorados encontrou desafios diversos. A política de preços de combustíveis se deu em um ambiente de alta do preço do petróleo e de expansão dos investimentos da Petrobras; já o setor elétrico sofreu com a crise hídrica e sucessivos períodos de seca, o que aumentava a pressão por reajustes de tarifa.

A tentativa de controlar a inflação por meio dos preços monitorados também teve consequências inusitadas. No início de 2013, Dilma pediu a prefeitos de grandes cidades que contivessem o reajuste da tarifa do transporte urbano, preço monitorado de responsabilidade dos municípios.[21] No caso da cidade de São

Paulo, o reajuste, que geralmente ocorre no período de férias dos estudantes, foi adiado para junho e serviu de combustível para as Jornadas de Junho de 2013, que representaram um divisor de águas no cenário político brasileiro.

O fato é que a inflação não foi um problema fundamental para a parcela mais pobre da população durante os três primeiros mandatos governados pelo PT. O rendimento da parcela mais pobre da população cresceu acima da inflação, o salário mínimo ao longo dos governos do PT teve ganho real de mais de 70% e, mesmo em 2014, com a inflação próxima ao teto da meta, o rendimento médio dos trabalhadores obteve ganho real.[22] Ou seja, apesar da inflação em torno de 6%, os trabalhadores estavam garantindo mais bens e serviços, ano a ano – inclusive tomates.[23]

## Desaceleração e ajuste de rota

Em resumo, a estratégia industrialista, que caracteriza o primeiro governo Dilma, surge de um diagnóstico realista acerca das contradições da agenda distributiva dos governos Lula. A crise internacional havia antecipado a necessidade de ajustes no modelo, com particular atenção às condições adversas para o setor produtivo doméstico.

A tentativa de superar essas contradições por meio da adoção de uma agenda industrialista tem motivação tanto econômica quanto política: do ponto de vista econômico, baseou-se na crença de que o Estado brasileiro seria capaz de promover as condições adequadas de competitividade para o empresariado brasileiro do manejo de preços-chave (câmbio, juros, energia, combustível) e se valendo do orçamento público como forma de compensar perdas de rentabilidade dos setores industriais. Já do ponto de vista político, apostava-se na consolidação de uma aliança com os empresários ligados ao setor produtivo e o enfrentamento de interesses financeiros tipicamente rentistas.[24]

Contudo, as contradições do modelo de crescimento distributivo pouco foram alteradas pela estratégia industrialista. Esta pode ter compensado parcialmente as reduções das margens de lucro e, para alguns setores, empregos. Mas, ao final do primeiro governo Dilma, a situação do setor produtivo havia se deteriorado, o crescimento tinha desacelerado e o desequilíbrio externo era crescente e visível na piora do resultado da balança comercial de bens e serviços, que passou de um superávit em 2009 para um déficit de mais de US$ 60 bilhões em 2014.[25] Do ponto de vista macroeconômico, a utilização do orçamento público para financiar as desonerações ao setor produtivo levou a uma redução do resultado primário, que, pela primeira vez em muitos anos, havia se tornado um déficit ao final de 2014.

No entanto, a boa notícia ficou por conta do mercado de trabalho, que, apesar de apresentar dinamismo menor, ainda registrava baixa taxa de desemprego, chegando em 2014 ao menor patamar da história da estatística de desocupação divulgada pelo IBGE. O mesmo se pode dizer dos processos de redução da pobreza e da miséria que seguiu ocorrendo no primeiro governo Dilma, apesar do ritmo mais lento, se comparado com o governo Lula.

Nesse contexto de continuidade de ganhos sociais e aumentos de salários, a perda de rentabilidade do capital contribuiu para minar o apoio empresarial à estratégia de crescimento, fortalecendo o discurso liberal, o terrorismo fiscal e a crise política. Tudo isso condicionou o segundo mandato de Dilma Rousseff, caracterizado por uma virada na política econômica, como veremos no próximo capítulo.

# 3
# O CHOQUE RECESSIVO E A CRISE

A crise econômica brasileira nos anos de 2015 e 2016 foi uma das maiores da nossa história. A definição sobre seu diagnóstico é determinante para pensar o futuro do Brasil e a disputa entre as agendas econômicas. A interpretação conservadora, dominante no debate público, trata a crise como um resultado dos excessos ocorridos no segundo governo Lula e no primeiro de Dilma e tem como corolário a negação da agenda distributiva. Essa interpretação é fundamental para a compreensão da agenda econômica de 2016.

O fator decisivo para essa crise não foi a gestão econômica nos governos Lula e Dilma 1, mas um choque recessivo na economia brasileira. Diante da desaceleração econômica, das pressões políticas e da eleição apertada, o governo optou pela terapia de choque, ou seja, uma guinada ortodoxa na política econômica que transformou a desaceleração em curso em uma das maiores crises econômicas da história e interrompeu o modelo de crescimento que caracterizou os governos do PT.

## A cigarra, a formiga e a Nova Matriz Econômica

Na grande mídia, a narrativa difundida sobre a crise econômica brasileira se assemelhava à fábula da cigarra e da formiga. Como a cigarra, a economia brasileira teria vivido de excessos cujas consequências foram os anos de privação. E, como ensina a formiga, o caminho a seguir é a austeridade, a abstinência e o sacrifício.

Esses excessos têm várias faces, todas ligadas ao papel do Estado na economia: excesso de gastos sociais, de aumento de salário mínimo, de aumento de salários acima da produtividade, do uso dos bancos públicos e das estatais, de flexibilização do tripé macroeconômico etc.

A ênfase na questão fiscal aparece em argumentos falsos, como o de que "acabou o dinheiro", e nas frequentes comparações do orçamento do governo com o orçamento de uma família.[1] O argumento por vezes propaga que o PT quebrou o Brasil, ou ainda que a gastança tornou a dívida pública insustentável e gerou uma crise de confiança que atingiu, com defasagens, o investimento, o consumo e o crescimento econômico.

Essas teses não têm qualquer amparo nos dados. Quando Lula assumiu, a dívida bruta do governo geral era de 68% do PIB.[2] Ao final de 2014, o mesmo indicador marcava 61%.[3] Já a dívida líquida do setor público, que é o indicador mais relevante, caiu de 60% no início de 2003 para 32% do PIB ao final de 2014.[4] A diferença entre esses dois indicadores consiste principalmente nas reservas internacionais, que são deduzidas no indicador dívida líquida e representam o principal ativo do setor público, um seguro contra as turbulências internacionais.

O argumento do descontrole do gasto público ou da aceleração do gasto público também não dialoga com a verdade. A taxa de crescimento real das despesas primárias do governo federal diminuiu de 5,2% ao ano no período de 2003 a 2010 para 3,5% no período de 2011 a 2014. Ou seja, o gasto não acelerou, mas, sim, desacelerou.[5]

Apesar disso, a piora no resultado fiscal em 2014 foi usada para sustentar a narrativa do excesso de gastos, a despeito de essa piora ter sido decorrente da queda da arrecadação, resultado da desaceleração do crescimento e das políticas de desoneração, parte da estratégia industrialista discutida no capítulo anterior.[6] Colocando em perspectiva histórica, o déficit fiscal primário de 0,6% do PIB em 2014 foi, de fato, o primeiro de doze anos dos governos do PT, algo que não ocorria desde 1997, no governo Fernando Henrique.[7] No entanto, olhando para a frente, esse resultado foi melhor que as médias dos déficits primários no governo Temer e no governo Bolsonaro antes do impacto da pandemia.

Em linha com a narrativa dos excessos, disseminou-se no debate econômico a ideia de que a chamada Nova Matriz Econômica (NME) era responsável pela desaceleração e pela crise. O termo foi usado pela equipe econômica e pelo próprio ministro Guido Mantega, mas acabou servindo como espantalho para a descrição caricatural de um conjunto de políticas econômicas. De acordo com essa narrativa, o tripé macroeconômico (meta fiscal de resultado primário, metas de inflação e câmbio flutuante) teria sido desconfigurado durante o segundo governo Lula e o governo Dilma; em seu lugar, foi instituída uma nova forma de gestão da política econômica, mais intervencionista.

A NME é a sofisticação da narrativa dos excessos e contempla a ideia da gastança ao apontar a flexibilização da política fiscal.[8] Além disso, traz a ideia do abandono do regime de metas de inflação no momento em que o Banco Central tolera inflação próxima ao teto ou reduz a taxa de juros, a contragosto das expectativas do mercado. Ademais, contempla a suposta alteração do regime cambial, que deixa de ser plenamente flutuante com a administração dos fluxos de capital, regulação do mercado interbancário e de derivativos e a intensa intervenção do Banco Central nos mercados de câmbio. Além disso, para alguns autores, a administração de preços de combustíveis e energia e a expansão do crédito pelos bancos públicos também compuseram a NME.

Assim, a NME virou sinônimo genérico para o intervencionismo do Estado, que seria responsável pela crise econômica. Quem emprega o termo geralmente é incapaz de diferenciar, entre o conjunto amplo de medidas, aquelas que foram positivas daquelas que foram, de fato, equivocadas. O termo virou um espantalho para a crítica aos governos do PT e revela a ideologia neoliberal de quem o emprega.

Tão genérica quanto o termo é a relação de causalidade entre a NME e a crise. Segundo os defensores da ideia, a NME interferiu na produtividade do sistema, gerou má alocação de recursos e impactou a confiança dos agentes, levando à crise. A NME deixou de existir em 2015, com a virada neoliberal que exploraremos a seguir, mas, de acordo com alguns, seus efeitos deletérios perdurariam, sendo também responsáveis pela estagnação econômica após 2016.

A defesa do diagnóstico da NME como causadora da crise tem dois problemas principais. O primeiro decorre do seu caráter generalista. A mistura no mesmo saco de um amplo conjunto de políticas econômicas, como se todas fossem equivocadas, torna impossível uma análise adequada do impacto dessas políticas sobre o crescimento. Assim, a causalidade é estabelecida na base da ideologia e de forma dedutiva: "o intervencionismo é ruim, logo, causou a crise".

Em segundo lugar, a defesa da NME como causa da crise esbarra nos fatos históricos. O crescimento médio no período atribuído à NME (2009-2014) foi de 2,8%, enquanto o crescimento do período subsequente (2015-2019) foi de –0,5%.⁹ Assim, o argumento deve necessariamente fazer uso de defasagens explicativas, ou seja, atribuir o crescimento baixo do período seguinte às políticas realizadas no período anterior. É evidente que algumas políticas têm efeitos defasados, mas o uso elástico e arbitrário desse fator é pouco coerente.

Anos depois do fim da NME, ainda há quem diga que o baixo crescimento brasileiro se deve aos governos do PT. Trata-se do "oportunismo das defasagens", que atribui a culpa do que acontece hoje às políticas do passado, e conforme o tempo passa, as defasagens explicativas aumentam. Quando o ciclo de baixo crescimento for revertido e o país voltar a crescer de forma consistente, as defasagens mudarão de sentido: a retomada será explicada pelo sucesso tardio da agenda neoliberal, que demorará o quanto for necessário para fazer efeito. Um exemplo disso são aqueles que atribuem o sucesso econômico do governo Lula às reformas de FHC, e o fracasso dos governos Temer-Bolsonaro às políticas do governo Lula e Dilma.

A comum datação do início da crise econômica em 2014 também é problemática. Nesse ano, o crescimento trimestral começou e terminou no campo positivo, tendo queda da taxa no segundo trimestre e um crescimento próximo de zero (–0,1%) no terceiro trimestre.¹⁰ Também em 2014, o consumo das famílias cresceu 2,3% e a taxa de crescimento do PIB foi de 0,5%.¹¹

Além disso, os indicadores que caracterizam uma crise econômica não confirmam essa datação. Em 2014, como já colocado, a taxa de desemprego era a menor da série histórica do IBGE. Outros indicadores sociais, como a taxa de pobreza, a desigualdade e o rendimento médio do trabalho, melhoraram nesse ano. Como veremos, o debate em 2014 destaca o superaquecimento do mercado de trabalho e o suposto crescimento excessivo dos salários. Portanto, é difícil falar em crise econômica nesse contexto. O ano de 2014 foi um ano de desaceleração econômica, explicada fundamentalmente pelo recuo do investimento em um cenário externo adverso. Já 2015 foi diferente.

## O choque recessivo de 2015

As crises econômicas são fenômenos multifacetados decorrentes de diversos motivos, de forma que não há uma única causa que dê conta de explicá-las. Contudo, crises graves, como a dos anos 2015-2016, geralmente têm um fator decisivo que justifica seu caráter extraordinário e as diferencia das demais crises e das desacelerações ao longo dos ciclos econômicos.

Houve quatro grandes crises na história brasileira – considerando como parâmetro a queda no nível de atividade econômica –; todas têm um motivo principal. A crise dos anos 1930 foi desencadeada pelo *crash* da bolsa de 1929 e pela crise internacional; a crise do início dos anos 1980 explica-se pela dívida externa brasileira e pelo choque de juros americanos; no início dos anos de 1990, o confisco das poupanças foi a principal razão para a crise. Já a principal causa da crise de 2015-2016, na minha interpretação, foi o choque recessivo de 2015.[12]

A existência de um fator principal para a crise não implica a inexistência de outros fatores que também contribuíram para os dois anos consecutivos de queda do PIB, algo que não se verificava desde a década de 1930 no Brasil. Entre esses fatores estão a queda no preço das *commodities* e a consequente deterioração dos termos de troca que ocorre a partir de 2011, mas se acentua em 2014 e 2015. A crise hídrica desencadeada pelos longos períodos de estiagem é outro fator que impactou o custo da energia e a atividade econômica, dada nossa dependência das hidrelétricas para a geração de energia. Por fim, a desestruturação de setores econômicos pela Operação Lava Jato também teve impactos econômicos profundos, especialmente no setor de construção civil e em toda a cadeia do setor de petróleo e gás natural.[13] Nesse contexto adverso, optou-se pela terapia de choque na política econômica.

Essa virada na política econômica de 2015 ocorre em um contexto de instabilidade política, com ameaças de golpe que se estabelecem logo após as eleições, quando o candidato perdedor contesta o resultado e pede auditoria das urnas, com pautas-bombas orquestradas por uma Câmara dos Deputados hostil ao governo e com uma pressão dos mercados e de parte da imprensa pela mudança na rota da política econômica. Essas condições políticas explicam, mas não justificam, a opção equivocada pela terapia de choque em detrimento do gradualismo na condução da política econômica. Nesse contexto, um conjunto de medidas caracterizou o choque recessivo: um ajuste fiscal, uma contração monetária, um choque de preços administrados e uma forte desvalorização cambial.

Com relação ao choque fiscal, no ano de 2015 houve uma queda real das despesas primárias do governo central da ordem de 2,9%.[14] Essa queda interrompeu uma trajetória de crescimento no gasto primário que vinha desde a década de 1990. O ajuste começou no início do ano, com a revisão de benefícios sociais, como o seguro-desemprego e o abono salarial, e medidas pelo lado da receita, como a revisão de desonerações. Ao longo do ano, em busca de uma meta de superávit que não era factível, o governo realizou dois contingenciamentos com cortes de gastos, sendo a principal variável de ajuste o investimento público, que caiu em torno de 30% em relação ao ano anterior.[15]

A contração da demanda pública, em particular do investimento público, se soma à contração dos outros elementos da demanda (consumo, investimento e demanda externa), atuando de forma pró-cíclica.[16]

Diante do represamento de preços administrados pelo setor público, como os de energia e gasolina, o governo optou pela estratégia de choque. O conjunto de preços monitorados do IPCA teve alta de 18% em 2015, o que contribuiu diretamente e indiretamente para a inflação do período.[17] Esse tipo de reajuste tem um alto grau de difusão em uma economia muito indexada. Nesse sentido, o choque de preços administrados foi mais um elemento de pressão de custos para empresas e de redução do poder de compra das famílias.

Após as eleições de 2014, ocorre uma inflexão na política cambial quando a nova equipe econômica sinaliza ao mercado o fim do programa de leilões de *swaps* e uma política cambial menos atuante. A moeda brasileira já vinha se desvalorizando no segundo semestre de 2014, mas a tendência se reforçou com a nova postura da política cambial. Em janeiro de 2015, a taxa de câmbio média foi de 2,63 reais por dólar, enquanto no mesmo mês de 2015 a taxa média foi de 4,05, o que representou uma desvalorização de mais de 50% da moeda brasileira em relação ao dólar.[18] Essa rápida mudança na taxa de câmbio teve impacto nas estruturas de custo e patrimônio das empresas e contribuiu para o aumento da taxa de inflação e, com isso, para a redução dos salários reais, impactando negativamente o consumo.

Diante de uma inflação essencialmente provocada pelo ajuste de preços administrados e pela forte desvalorização cambial, o Banco Central deu continuidade aos aumentos na taxa básica de juros até o patamar de 14,25%.[19] Já a taxa média de juros das operações de crédito aumentou de 25% em janeiro de 2015 para 31% em janeiro do ano seguinte.[20] Esse aumento do custo do crédito (e do custo de oportunidade para o investimento produtivo) foi outro fator que contribuiu para o cenário recessivo.

Se, por um lado, é certo que a economia brasileira já vinha com dificuldades e em desaceleração até 2014, por outro lado, é impossível entender a intensidade da crise que assolou a economia brasileira sem levar em conta o choque recessivo. A partir de 2015, houve uma mudança profunda no mercado de trabalho, com rápido aumento da taxa de desocupação, que saltou de 6,6% no último trimestre de 2014 para 9,1% e 12% no mesmo período de 2015 e 2016.[21] Isso representou em torno de cinco milhões de novos desempregados em 2015 e 2016. E, em 2017, a população desempregada havia praticamente dobrado em relação a 2014, quando a média anual foi de 6,6 milhões de desocupados em contraste com os 13,1 milhões em 2017.[22] O estudo que fiz com Guilherme Mello mostra que esse aumento no desemprego foi maior que o das crises das décadas de 1980 e 1990.[23]

Além disso, há uma modificação importante na dinâmica dos componentes da demanda: se em 2014 a variável de demanda que puxou a desaceleração foi o investimento, em 2015 o consumo das famílias passou a ser a variável mais relevante. O consumo das famílias foi símbolo do padrão de crescimento dos governos do PT, no qual o dinamismo do mercado interno tinha um importante papel indutor do investimento e do crescimento. Entre 2004 e 2010, o consumo das famílias cresceu em média 5,3% ao ano. Já no primeiro governo Dilma, o consumo das famílias cresceu em média 3,5%, mas em um claro movimento de desaceleração.[24]

No entanto, essa desaceleração não explica a quebra estrutural observada em 2015 e 2016, quando a taxa de crescimento do consumo das famílias foi negativa em 3,2% e 3,8%, respectivamente.[25] Tampouco nos parece razoável atribuir essa quebra aos efeitos defasados de políticas anteriores identificadas com a Nova Matriz Econômica. Há claramente um fator exógeno ao ciclo econômico que explica a rápida mudança nos indicadores, sem o qual não haveria uma crise de tamanha intensidade: o choque recessivo.

## Aspectos políticos do pleno emprego

Em um artigo de 1943, homônimo ao título desta seção, o economista polonês Michal Kalecki explicou de que modo uma situação de baixo desemprego ou de pleno emprego cria tensões políticas importantes. Um mercado de trabalho aquecido fortalece os trabalhadores, pois confere a eles mais poder de barganha e capacidade de reivindicar aumentos salariais e melhorias nas condições de trabalho. O desemprego seria, então, um mecanismo de ajuste do sistema, uma reação conservadora que reduz a força dos trabalhadores no conflito de classes e institui as demissões enquanto instrumento disciplinador.

Kalecki fala ainda da aversão ao gasto público como ferramenta de garantia do emprego e da doutrina das "finanças sólidas" como retórica para reduzir a responsabilidade estatal sobre o emprego. Muito do que o autor escreve se aplica perfeitamente ao caso brasileiro e ajuda a entender os aspectos políticos por trás da virada na política econômica.

Antes de 2015, o debate econômico brasileiro destacava o mercado de trabalho superaquecido e o crescimento dos salários acima da produtividade. Alguns economistas defendiam a necessidade de gerar desemprego na economia como variável de ajuste. Um deles dizia, sem meias palavras: "a saída é frear a economia. É demitir mesmo".[26] Havia a ideia de que o desemprego seria bom para "equilibrar" a economia e que a redução da inflação de preços e salários era necessária para o aumento do investimento e do crescimento. Isso é ilustrado na atrapalhada chamada da reportagem da *GloboNews* que virou alvo de memes e piadas: "Recessão e desemprego derrubam inflação e devolvem poder de compra aos brasileiros".[27]

Na campanha das eleições presidenciais de 2014, Armínio Fraga, principal economista de Aécio Neves, afirmou que os salários tinham crescido demais e que deveriam guardar relação com a produtividade.[28] Esse discurso apontava que o aumento dos salários acima da produtividade teria reduzido as taxas de lucro e desestimulado o investimento, o que teria contribuído para a crise. Haveria, portanto, um dilema de curto prazo entre crescimento e as políticas distributivas. De forma sutil, mas direta, coloca-se em primeiro plano o crescimento e, em segundo, a distribuição de renda, e pressupõe-se que o primeiro plano conduzirá a uma melhoria espontânea do segundo. Visto de outra maneira, reedita-se a velha ladainha do bolo: é preciso primeiro fazer crescer para depois dividir.

Esse discurso apresenta dois problemas centrais: primeiro, a produtividade é um indicador muito importante, mas é uma variável de resultado, um termômetro ou sintoma do que acontece na economia (e, por isso, depende da expansão dos investimentos, capacidade ociosa, mudanças tecnológicas, estrutura produtiva etc.), e não uma causa. O segundo problema é que, nessa leitura, os salários são vistos exclusivamente pelo lado da oferta, como custos de produção, e não como variável de demanda, com capacidade de criar mercados, induzir investimentos e ampliar a oferta.

Ao combinar essas duas críticas, tem-se que os aumentos reais de salários podem gerar aumentos da produtividade. Ou seja, diante da expansão do mercado interno provocada pelo aumento do poder de compra dos assalariados, as firmas aproveitam economias de escala e se tornam mais produtivas, o que resulta em crescimento com distribuição de renda. Esse círculo virtuoso ocorreu no Brasil nos governos do PT, conforme vimos no primeiro capítulo. Em 2014, escrevi: "A politização da produtividade, como discurso, é pano de fundo de um amplo programa de 'ajustes' na economia – que inclui a redução do papel do Estado, a flexibilização do mercado de trabalho e a revisão da regra de salário mínimo –, cuja implementação pode ter como resultado a restauração de um modelo econômico concentrador de renda no Brasil".[29]

De fato, a virada na política econômica representou o fim do modelo distributivo, dos aumentos de salários reais e da melhoria na distribuição de renda. O pano de fundo é uma avaliação de que o modelo distributivo tinha ido longe demais. Nos governos Lula, enquanto o país crescia fortemente, as tensões políticas eram acomodadas; já a desaceleração do crescimento no primeiro governo Dilma acirrou o conflito de classes.

Retomando as lições de Kalecki, a virada na política econômica pode ser entendida no contexto do conflito de classes, em que o governo arbitrou em favor da classe capitalista. E, de fato, a crise tem enorme impacto sobre o poder de barganha dos trabalhadores: segundo o Dieese, entre 2011 e 2014, 90% dos ajustes salariais estiveram acima da inflação medida pelo INPC; em 2015, essa taxa era de 50%; e, em 2016, de apenas 18%.[30]

Portanto, o choque recessivo foi uma primeira resposta à agenda distributiva diante do acirramento do conflito de classes. Do ponto de vista político, foi um erro que criou as condições econômicas para o golpe de 2016, ao fragilizar a presidente Dilma.[31] Essa é a antessala do neoliberalismo, pois marca a passagem de bastão da agenda distributiva para a agenda de 2016.

# 4
# A AGENDA ECONÔMICA DE 2016

A queda de Dilma é frequentemente analisada por meio de leituras que limitam os motivos do *impeachment* às fraturas do sistema político, à Lava Jato e à reação dos parlamentares a um sistema que os ameaçava. Há, no entanto, componentes econômicos fundamentais que costumam escapar às análises. Por um lado, o choque recessivo promovido em 2015 criou um ambiente econômico de crise, inflação e desemprego e reduziu a sustentação política de Dilma. Por outro, a motivação do abandono da agenda distributiva em prol de outro modelo econômico que tomou forma na agenda de 2016.

O ajuste de 2015 não satisfez por completo os interesses econômicos do neoliberalismo brasileiro. Não bastou reduzir gastos sociais; eram necessárias reformas para rever a obrigatoriedade desses gastos e modificar seus pisos constitucionais. Não foi suficiente frear a economia e gerar desemprego; era necessária uma reforma trabalhista para enfraquecer sindicatos e reduzir o poder de barganha dos trabalhadores. Não bastou recuar no uso das estatais e dos bancos públicos como instrumentos de desenvolvimento; era necessário avançar nas privatizações. Em suma, havia uma agenda econômica que Dilma e o PT não estavam dispostos a adotar – e o sentido econômico do golpe de 2016 era justamente implementá-la.

## Justificativas econômicas e a natureza do golpe de 2016

Em meio à disputa de narrativas que afirmam ou negam a existência de um golpe de Estado, existem temas técnicos que buscam dar justificativas econômicas e jurídicas ao *impeachment*: as pedaladas fiscais e os decretos de crédito suplementar.

As pedaladas fiscais constituíam uma prática do Tesouro Nacional de atrasar pagamentos para bancos públicos de benefícios sociais e subsídios. Assim, os bancos garantiam a continuidade de políticas sociais como o Minha Casa, Minha Vida e o Bolsa Família e programas de crédito subsidiado, como o Plano Safra. No entanto, esse atraso provocava um efeito contábil que impactava positivamente os indicadores fiscais do Tesouro.

A partir disso, formou-se a interpretação de que o atraso no repasse de recursos configurava uma operação de crédito do Tesouro para bancos públicos, algo proibido pela Lei de Responsabilidade Fiscal (LRF). Essa interpretação é polêmica, pois atrasar um pagamento é diferente de receber um financiamento, ou seja, se não há transferência de recurso dos bancos para o Tesouro, não há financiamento *stricto sensu*. Trazendo para um exemplo doméstico, é estranho o entendimento de que quando atrasamos o pagamento da conta de água, por exemplo, estamos sendo financiados pela distribuidora.

Adicionalmente, como os repasses sempre foram descasados, todos os presidentes desde FHC, que criou a LRF, teriam incorrido em crime de responsabilidade. Contra esse argumento, dizia-se que no governo Dilma os atrasos eram maiores, assim como o volume de recursos. No entanto, isso está sujeito a interpretação, afinal, não há determinação jurídica ou técnica para o tamanho do atraso e do volume de recursos a partir do qual o adiamento dos repasses do Tesouro para os bancos configura um financiamento dos bancos para o Tesouro. Por fim, vale lembrar que quem opera os repasses não é o presidente da República, que apenas assina documentos tramitados por diversas instâncias e sujeitos aos órgãos de controle. Ou seja, era no mínimo forçado enquadrar o problema como um crime de responsabilidade de Dilma.

Já os decretos de crédito suplementar, autorizados por lei, são assinados pelo presidente para acrescentar recursos ao orçamento em condições específicas. A acusação argumentava que Dilma assinou três decretos que inflaram as despesas, embora ela supostamente soubesse que não conseguiria cumprir a meta fiscal de superávit primário. Segundo essa acusação, portanto, Dilma estava destinando recursos para áreas como educação, saúde, previdência e cultura, descumprindo a regra fiscal. Já de acordo com a defesa, os decretos não autorizaram aumento das despesas totais, mas remanejaram recursos orçamentários de uma área para outra.[1] Além disso, argumenta-se que Dilma não poderia ser responsabilizada por um processo burocrático que passou por técnicos e especialistas antes de chegar à sua mesa para assinatura.

Em meio à guerra jurídica do *impeachment* e aos detalhes técnicos que sustentam ou não um crime de responsabilidade, destaca-se a forma como a política fiscal foi criminalizada. Um desvio mínimo do padrão de gestão fiscal considerado adequado pode motivar a queda do principal quadro político do país. Essa interpretação da LRF traz ainda um viés pró-austeridade fiscal: para um político que administra o país, um estado ou uma cidade, há mais incentivos para deixar pessoas morrerem em um hospital sem recursos do que para descumprir uma meta fiscal que pode lhe custar o mandato.

A despeito dessa polêmica, aqui denomino a queda de Dilma como golpe, independentemente da análise dos aspectos técnicos da política fiscal que embasaram o *impeachment*.[2] Na definição de Álvaro Bianchi, um golpe de Estado deve contar com um sujeito da burocracia estatal e um instrumento excepcional, não necessariamente ilegal.[3]

Além disso, o golpe também se define por uma mudança radical no sentido do projeto econômico e na composição de poder. Todos esses elementos estavam colocados em 2016, e aqui está um ponto fundamental: o golpe interrompeu um projeto econômico e implementou outro. Considerada essa definição, a mudança no projeto econômico é parte constitutiva da própria definição de golpe.

No golpe de 1964, havia um sujeito da burocracia estatal – as Forças Armadas –, que fez uso de um instrumento extraordinário – uma intervenção militar – para aceder ao poder. Essa intervenção buscava na Constituição e no conceito de "segurança nacional" argumentos para se justificar e teve a cobertura do Judiciário, que deu ar de legalidade ao golpe. O presidente do Supremo Tribunal à época, Ribamar da Costa, legitimou o golpe e declarou que o "movimento" das Forças Armadas respondia aos desafios feitos à democracia, e que, logo, a deposição de João Goulart era constitucional.

Isso nos serve para mostrar que a definição de golpe não se resume à sua pretensa legalidade. A natureza do golpe militar de 1964 foi a mudança radical na correlação de forças políticas e no projeto econômico. As reformas de base de João Goulart, com um forte caráter distributivo, foram substituídas por um projeto concentrador de renda e por reformas que, além de reduzir gastos sociais, enfraqueciam sindicatos e o poder de barganha dos trabalhadores.

Resguardadas as enormes diferenças históricas, a mudança no projeto econômico também é uma marca do golpe de 2016 que precisa ser destacada. Neste também há um sujeito estatal: o Legislativo e o próprio Executivo, por meio do vice-presidente, que conspira abertamente contra Dilma. Há também um instrumento excepcional – o *impeachment* –, cujo fator jurídico motivador, como vimos, é para lá de duvidoso.

Assim, o que define o golpe de 2016 é, de um lado, a mudança radical na composição de poder, que pode ser vista na foto ministerial do dia da posse de Michel Temer como presidente, tomada por homens brancos, muitos deles representantes dos partidos derrotados nas eleições de 2014, e, de outro lado, a mudança radical no projeto econômico, opondo-se à agenda distributiva caracterizada nos primeiros capítulos deste livro. Esse novo projeto é a agenda de 2016.

## A agenda de 2016

Em setembro de 2016, em uma palestra para empresários, Michel Temer disse: "Há muitíssimos meses atrás, eu ainda vice-presidente, lançamos um documento chamado 'Uma Ponte para o Futuro', porque nós verificávamos que seria impossível o governo continuar naquele rumo. E até sugerimos ao governo que adotasse as teses que nós apontávamos naquele documento chamado 'Ponte para o Futuro'. E, como isso não deu certo, não houve adoção, instaurou-se um processo que culminou agora com a minha efetivação como presidência da República".[4]

As palavras de Temer confirmam a tese de que o golpe teve motivações econômicas, afinal, ele afirma, sem deixar margem para outras interpretações, que Dilma caiu por rejeitar sua agenda econômica e de seus aliados. A Ponte para o Futuro era a plataforma da campanha peculiar que Temer fazia para ocupar a presidência pelo caminho, digamos, pouco usual. Tratava-se de um vice-presidente propondo abertamente a deposição da presidente eleita para implementar um projeto econômico que não tinha passado pelas urnas, antítese do vencedor das eleições.

Esse projeto propunha uma "reconstituição" do Estado brasileiro e tratava de mudanças estruturais. Para ele, o ajuste de curto prazo promovido por Dilma em 2015 não foi suficiente. Era preciso ir além – de acordo com essa nova agenda econômica, a Constituição de 1988 e sua generosidade social eram o problema a ser enfrentado.[5]

Como lembra Eduardo Fagnani, a origem dessa crítica remete ao debate do Processo Constituinte. Roberto Campos, economista liberal e colaborador da ditadura, descreveu a Carta de 1988 como "ao mesmo tempo um hino à preguiça e uma coleção de anedotas", um "misto de regulamento trabalhista e dicionário de utopias" e um "canto do cisne do nosso nacional-populismo".[6]

Ao longo dos governos do PT, essa crítica foi frequente e aparecia no debate sob argumentos que afirmavam que "o Estado não cabe no PIB" ou que "a Constituição não cabe no orçamento". Afirmações incoerentes, antidemocráticas e que buscavam impor outro projeto de país. Afinal, o tamanho do Estado não é problema técnico, mas político. A parcela do Estado que cabe no PIB é uma decisão da sociedade sobre os serviços públicos que se pretende financiar coletivamente e as transferências públicas pactuadas.

Foi o documento Ponte para o Futuro, lançado pela Fundação Ulysses Guimarães, que consolidou esses anseios conservadores que nunca conviveram bem com a Constituição de 1988. Segundo o texto, "a parte mais importante dos desequilíbrios é de natureza estrutural e está relacionada à forma como funciona o Estado brasileiro [...] para enfrentá-lo teremos que mudar leis e até mesmo normas constitucionais".[7] No alvo das mudanças estão os gastos obrigatórios, a rigidez orçamentária, a Previdência Social, as indexações no orçamento, como a do salário mínimo, e as vinculações constitucionais, como as de saúde e educação.

E, de fato, a rigidez orçamentária confere o que Rodrigo Orair e Sergio Gobetti apontam como uma inércia na evolução do gasto associada principalmente aos benefícios sociais (previdenciários e assistenciais), mas também ao custeio que envolve desde a manutenção da máquina administrativa até o financiamento dos serviços de saúde e educação.[8] Essa rigidez é anterior aos governos do PT e também marca o crescimento do gasto público do governo federal nos tempos de FHC. Além disso, ela é consequência do projeto de país proposto na Constituição, que almeja a construção de um Estado de bem-estar social, e é necessária para proteger o gasto social.[9]

Vale lembrar que, desde FHC, a rigidez orçamentária foi alvo das rodadas de Desvinculação de Receitas da União (DRU). O economista liberal Raul Velloso, por exemplo, afirmou em 2005 que a estratégia de elevar o superávit primário de forma "envergonhada" era insuficiente e que "a única saída seria cortar as despesas constitucionalmente obrigatórias – em bom português, previdência, saúde, educação e assistência social".[10]

O documento Ponte para o Futuro resgata esses diagnósticos e traz ainda uma obsessão com a questão fiscal, argumentos rasos e falsos e um terrorismo fiscal que visava criar um clima de medo para que se aceitasse essa agenda como única alternativa. De acordo com o texto, caso as reformas propostas não fossem realizadas, "a crise fiscal voltará sempre, e cada vez mais intratável, até chegarmos finalmente a uma espécie de colapso".[11]

A Ponte para o Futuro é o pilar da agenda de 2016, que ainda traz outros temas não contemplados no documento.

No ano de 2016, o debate público enfatizava a possibilidade de reviver um momento neoliberal na economia brasileira, como foi a década de 1990. Com o PT fora do poder e Temer no comando com sua equipe apelidada de *dream team* da economia, as reformas neoliberais estavam ao alcance. Foram revisitados os debates sobre as privatizações, a abertura comercial e financeira, a autonomia do Banco Central e outros debates e reformas interrompidas nos governos do PT.

Ademais, a agenda de 2016, além de dar sentido econômico ao golpe, transpassa o governo Temer e caracteriza a gestão econômica do governo Bolsonaro. Como veremos, a agenda de Paulo Guedes dos três Ds – desvincular, desindexar e desobrigar – já estava contemplada na Ponte para o Futuro.

## Um teto condiciona o pacto social

A crise econômica e política em que o Brasil se encontrava em 2016 abriu espaço para o que Naomi Klein chamou de "doutrina do choque", uma filosofia de poder que sustenta que a melhor oportunidade para impor ideias neoliberais radicais é o período subsequente ao de um grande choque social.[12] Foi exatamente o que aconteceu no Brasil: em um momento de crise econômica e instabilidade política, foi imposta uma agenda neoliberal cujo objetivo era revisar o contrato social da Constituição de 1988 e transformar rapidamente os princípios e a natureza da atuação do Estado brasileiro.

A primeira grande reforma foi a do regime fiscal, que instituiu um teto para as despesas primárias do governo federal com duração prevista de vinte anos e possibilidade de revisão em dez anos. De acordo com essa regra, aprovada pela Emenda Constitucional n. 95 (EC95), os gastos federais – com exceção do pagamento de juros sobre a dívida pública e alguns outros gastos – ficam limitados pelo montante do gasto no ano anterior, reajustado pela inflação acumulada, medida pelo Índice Nacional de Preços ao Consumidor Amplo (IPCA).

A aritmética da EC95 é muito simples: de acordo com a regra, os gastos primários federais variam zero em termos reais, enquanto o PIB e a população crescem – logo, esse gasto cai em relação ao PIB e em relação à população. Trata-se, portanto, de uma reforma que impõe uma redução do tamanho do Estado e do seu papel na economia.

Além do efeito sobre o tamanho do gasto, há também um problema de composição, ou "efeito achatamento", que comprime as despesas públicas em diversas áreas. Isso porque alguns gastos, como os da Previdência Social, crescem de forma vegetativa por conta do aumento da população idosa. Assim, outros gastos terão que encolher para caber no teto; se um gasto cresce, outro deve ser reduzido.

Nenhum país do mundo estabeleceu uma regra para gasto público tão rígida por meio de uma emenda na Constituição. E a verdade é que não era preciso mudar a Constituição para instituir uma regra de gastos. Regras para a política macroeconômica geralmente não estão na Constituição. No Brasil, as regras do regime de metas de inflação e de superávit primário nunca estiveram na Constituição, e mesmo no Plano Real não havia nada na Constituição para estabelecer uma âncora cambial.[13]

A única medida relevante da EC95 em matéria constitucional era a desvinculação das receitas destinadas à saúde e à educação. Isto é, o novo regime fiscal não precisava de emenda constitucional; o que precisava de mudança constitucional era a desvinculação de receitas para a saúde e a educação. A regra até então em vigor vinculava os gastos com saúde e educação às receitas públicas; quando o país crescia e arrecadava mais, havia mais dinheiro para essas áreas.[14] Já com a EC95, o gasto mínimo com saúde e educação fica congelado e, quando o país cresce e arrecada mais, esses recursos não vão necessariamente para elas.

Nos vinte anos anteriores à EC95, o gasto do governo federal central passou de cerca de 14% para 20% do PIB, refletindo a regulamentação dos direitos sociais pactuados na Constituição Federal. No entanto, para os seus vinte anos de duração, de 2017 a 2036, a EC95 propunha retroceder tudo o que o país avançara nos vinte anos anteriores em termos de consolidação dos direitos sociais. Na estimativa de Esther Dweck, com o teto, o gasto primário do governo federal retornaria para a casa de 13,2% do PIB em 2036.[15] Nesse novo pacto social, transfere-se para o mercado responsabilidade pelo fornecimento de serviços sociais. Trata-se de um processo que transforma direitos sociais em mercadorias.

Assim, é necessário destacar que o teto era um ponto de partida para uma agenda mais ampla que buscava uma transformação profunda do Estado brasileiro. O teto por si só era insustentável, e seus defensores sabiam disso, apesar de não o admitirem nos debates que antecederam a aprovação da EC95. Sua viabilidade demandava uma série de outras reformas; seria necessário reduzir e conter diversos gastos públicos, tarefa impossível diante da rigidez do orçamento, do gasto obrigatório crescente com gastos sociais e benefícios previdenciários indexados ao salário mínimo, das vinculações constitucionais e dos gastos com funcionalismo público. Portanto, o teto já apontava para as reformas da Previdência e administrativa e para a desindexação, desvinculação e desobrigação contempladas na Ponte para o Futuro e no discurso de Paulo Guedes. Esse ponto é fundamental para explicar as reformas realizadas por Bolsonaro, assim como os furos ao teto em seu governo.

## Reforma trabalhista e outros aspectos

Para além do teto de gastos, o governo Temer realizou alterações substanciais na legislação trabalhista. Em março de 2017, sancionou uma lei que permitiu a terceirização para atividades-fim e, em julho do mesmo ano, uma ampla reforma trabalhista. Entre as principais mudanças estava a prevalência do negociado sobre o legislado, possibilitando alterações em pontos dos contratos de trabalho que antes deveriam respeitar a lei, como jornada de trabalho, participação nos lucros, banco de horas, troca do dia do feriado, intervalo intrajornada, entre outros.

Além disso, a reforma trazia o fim da contribuição sindical obrigatória e a flexibilização da jornada de trabalho e das condições de trabalho. Por exemplo, se antes o trabalhador tinha direito ao intervalo de uma hora para almoço e repouso, com a reforma, esse intervalo passou a poder ser negociado e alterado para até trinta minutos. Outro ponto de destaque era a criação da modalidade de trabalho intermitente, na qual o trabalhador é pago por período trabalhado, recebendo por hora ou por diária.

Os defensores da reforma trabalhista usavam a crise econômica como justificativa e prometiam a criação de empregos a partir da suposta melhoria no ambiente jurídico-institucional para o empreendedor e da suposta modernização das relações de trabalho. No entanto, anos após a reforma, o prometido aumento no emprego não veio, e seu impacto ocorre sobretudo na redução dos processos trabalhistas e no esvaziamento da Justiça do Trabalho, responsável por defender os direitos dos trabalhadores.[16]

No fim das contas, a despeito de alguns pontos razoáveis, a reforma arbitrou o conflito distributivo em favor do capital e contra os trabalhadores. Tratava-se de mais uma reação ao ocorrido durante a agenda distributiva de Lula e Dilma, quando o poder de barganha dos trabalhadores, as greves e os aumentos salariais atingiram seu auge. Assim, a reforma ampliou o poder dos empresários nas relações trabalhistas, enfraquecendo os sindicatos e as negociações coletivas, além de precarizar e deteriorar as condições de trabalho.[17] Além disso, desfinanciou a Previdência Social ao incentivar a demissão de trabalhadores formais e a contratação de pessoas jurídicas terceirizadas.[18]

A orientação neoliberal do governo Temer também aparece na sua relação com os bancos públicos e as estatais. O BNDES reduziu drasticamente o volume de empréstimos, aumentou as taxas de juros e criou um departamento de "desestatização" para coordenar vendas de patrimônio público, voltando a atuar como na década de 1990. A mesma opção pelo "enxugamento" pode ser vista na nova gestão da Petrobras, que iniciou um processo de desinvestimento – ou seja, venda de ativos – que se estendeu durante o governo Bolsonaro. Além disso, uma nova política de preços da empresa fez o preço da gasolina e do diesel nos postos de gasolina oscilar junto com os preços internacionais.

Portanto, a política econômica do governo Temer atuou em dois planos. No primeiro, desmontou a capacidade do Estado de promover políticas sociais e fragilizou a posição dos trabalhadores. Nessa direção, destacaram-se os impactos do novo regime fiscal e da reforma trabalhista. No segundo plano, desmontou a capacidade do Estado de induzir o crescimento e de transformar a estrutura produtiva ao instituir limites ao investimento público e ao estabelecer a privatização da gestão dos bancos públicos e da Petrobras.

Contudo, a despeito da ênfase na austeridade fiscal, o governo Temer não seguiu caminho semelhante ao percorrido por Joaquim Levy e combinou uma expansão dos gastos públicos para o curto prazo com uma agenda de austeridade permanente e redução do tamanho do Estado. No ajuste de Temer, havia espaço para o chamado "keynesianismo fisiológico", destinado a atender às demandas de parlamentares ao mesmo tempo que se cortavam recursos de áreas sociais.

Em vez do grande contingenciamento de gastos de 2015, o governo Temer ampliou a meta de déficit primário de 2016 para R$ 170,5 bilhões, e, assim, permitiu mais gastos no contexto de queda de arrecadação. Com isso, a receita do governo central caiu 5% em 2016, mas o gasto primário cresceu 1,6% em termos reais em relação ao ano anterior.[19]

Apesar disso, o PIB de 2016 permaneceu no campo negativo, registrando queda de 3,6% e confirmando um cenário depressivo na economia brasileira. A saída da recessão apenas ocorreria em 2017, quando o PIB apresentou um crescimento de 1% em relação a 2016, uma recuperação ínfima diante da queda de 7,2% no acumulado do biênio 2015 e 2016. Por sua vez, o PIB *per capita* teve crescimento de 0,7% em 2017, ante a queda acumulada de 8,5% dos dois anos anteriores.[20]

Mais grave que a lentidão e a fragilidade da retomada, porém, foi sua baixa qualidade. O período Temer foi marcado pelo aumento do desemprego, da precarização e das desigualdades sociais. A taxa de desocupação foi a maior da série histórica até então: a média anual de desocupados cresceu de 6,7 milhões em 2014 para 13,2 milhões em 2017.[21]

As transformações promovidas pelo governo Temer ocorreram em um ambiente de crise política e polarização acentuada. A baixa popularidade do presidente sublinhou o aspecto antidemocrático de suas reformas. Nas pesquisas de popularidade, a aprovação de Temer chegou a ficar em torno de 3%, próxima à margem de erro da pesquisa.[22] Foi o governo mais impopular desde a redemocratização.

No fundo, Temer não estava preocupado em prestar contas à sociedade; seu compromisso era com a agenda econômica de 2016, que o ajudou a alcançar o poder. Agenda essa que tinha um problema de sustentação política, uma vez que as reformas eram impopulares e a crise econômica e social não viabilizou a candidatura de Temer em 2018 ou de seus aliados da direita tradicional. Para conduzir a agenda econômica de 2016, era necessário tirar Lula da disputa e, assim, evitar a volta da agenda distributiva. Além disso, era necessário um candidato desvinculado da direita tradicional e do impopular governo Temer.

## A agenda de 2016 nas eleições de 2018

Se o plano era tirar Dilma, fazer reformas e retomar o crescimento econômico para, em seguida, legitimar o golpe e suas reformas nas urnas, deu muito errado. O governo Temer foi incapaz de retomar o crescimento, inviabilizou seus candidatos orgânicos e fortaleceu a esquerda e a extrema direita no Brasil. Temer virou sinônimo de degradação social, desemprego em massa, desamparo aos trabalhadores e deterioração dos serviços públicos.

Esse contexto explica o fortalecimento da chapa petista, que, mesmo sem Lula – preso e impedido de disputar –, foi ao segundo turno com propostas para revogar reformas, como a trabalhista e a emenda do teto de gastos, e para retomar o protagonismo do Estado na política social e na indução do crescimento. Já Temer tinha como candidato Henrique Meirelles, seu ministro da Fazenda, que, durante a campanha, chegou a mostrar fotos com Lula para tentar se associar às conquistas econômicas de seu governo. Da mesma forma, os tucanos tentaram, sem sucesso, se dissociar do governo e do presidente com mais de 80% de reprovação.[23]

Nesse contexto, a agenda econômica de 2016 ajuda a explicar a ascensão da extrema direita como um resultado do desamparo, da descrença, da despolitização oriunda da crise política e institucional, mas também da crise econômica que a agenda tratou de aprofundar. Como subproduto do golpe e das políticas neoliberais que corroeram a democracia e suscitaram reações autoritárias, surge Bolsonaro.

Como propõe Christian Laval, o fenômeno Bolsonaro foi parte de um processo que ocorreu em escala global. Segundo ele, o novo neoliberalismo canaliza e explora o sentimento de abandono, as frustrações, o ódio e o medo de diferentes frações da população, para direcioná-los contra bodes expiatórios. Assim, sobrevive do ódio e mobiliza paixões violentas – como fez o fascismo –, fomenta a xenofobia e incentiva o culto da identidade nacional e religiosa. As políticas neoliberais são conciliadas com o desejo de restaurar uma certa ordem moral.[24] Essa reflexão se aplica perfeitamente ao momento político-econômico brasileiro, que reforçou um sentimento de descrença nas instituições canalizado por um candidato que negava a política, a diversidade e os direitos humanos.

Esse candidato era o único capaz de vencer a esquerda e levar adiante a agenda de 2016. Diferentemente da direita tradicional, Bolsonaro tinha a capacidade de jogar para o segundo plano os grandes temas econômicos e focar as pautas morais. Contraditoriamente, o "sistema" escolheu alguém com discurso antissistema para conduzir seu projeto econômico. Bolsonaro foi o candidato das elites empresarial e financeira, além de também ter conquistado uma parcela relevante do eleitorado de baixa renda.

Durante as eleições, Bolsonaro pouco falava de economia, mas a escolha de Paulo Guedes e a direção de sua campanha mostravam um alinhamento total com a agenda de 2016. Por vezes, as sinalizações eram mais claras e diretas do que as da direita tradicional, como quando o manifesto do Clube Militar do vice-presidente general Mourão afirmou que a extensão dos direitos sociais foi um fator desestabilizador da economia brasileira.[25] Ali, o diagnóstico da Ponte para o Futuro aparecia sem maquiagens, e as recomendações eram as mesmas: reformas para viabilizar uma profunda transformação do Estado brasileiro. A vitória eleitoral de Bolsonaro foi também a vitória da agenda de 2016.

# 5
# NOVO GOVERNO, MESMA AGENDA

O governo Bolsonaro foi original em diversos aspectos. A ideia de destruição permeou a política, e os retrocessos foram intensos, especialmente em áreas como direitos humanos e meio ambiente e nas questões indígena, de gênero e de raça. O presidente comportava-se de modo absurdo, com uma violência verbal e afirmações que careciam de lógica, coerência e decoro. Seu governo foi marcado pelo negacionismo sanitário, pelo flerte com o golpe militar e pelo tensionamento permanente com as instituições democráticas.

No entanto, do ponto de vista da agenda econômica, o governo Bolsonaro não foi propriamente inovador, mas uma continuidade do governo Temer e da agenda de 2016. Apesar de a figura de Bolsonaro não se enquadrar exatamente nos parâmetros liberais, seu governo entregou pontos estratégicos da agenda de 2016, como a reforma da Previdência, a liberalização comercial, a desregulamentação financeira e cambial, a autonomia do Banco Central, diversas privatizações e o desmonte da Petrobras, e ainda buscou avançar em outras áreas contempladas por essa agenda.

## Previdência ou morte

A primeira grande pauta econômica do governo Bolsonaro foi a reforma da Previdência, que já havia sido ensaiada no governo Temer[1] e, como discutido no capítulo anterior, era imprescindível para dar sustentação ao teto de gastos. No debate público, os defensores da reforma se centravam nos argumentos fiscais, com ênfase no déficit da Previdência, visto como insustentável, com impactos na dívida e no crescimento econômico. A guerra de narrativas incluiu modelos atuariais manipulados que fundamentavam certo terrorismo econômico.[2] O próprio presidente Bolsonaro disse em entrevista que o Brasil quebraria até 2022 se a reforma da Previdência não fosse aprovada.[3] Na mesma linha, o então presidente do Senado, Davi Alcolumbre, afirmou que estaríamos fadados ao fracasso sem a reforma. Contaminada pelo clima dramático do debate econômico, a revista *Veja* publicou uma capa com a foto de Paulo Guedes em postura altiva e o título "Previdência ou morte".[4] Tratava-se de uma das principais batalhas da agenda de 2016.

Uma análise fria dos dados mostrava que, de fato, havia um problema com um componente demográfico e outro relativo à própria arrecadação do sistema previdenciário. No entanto, boa parte do aumento do déficit da Previdência foi resultado da crise econômica que se instalou no Brasil desde 2015. As receitas de contribuições sociais que financiam a Previdência cresceram substancialmente até 2014, mas sofreram uma queda real de 13%, ou R$ 110 bilhões, em 2015, 2016 e 2017, especialmente por conta do aumento do desemprego e da queda nas contribuições na folha de pagamento.[5] Adicionalmente, o déficit medido em relação ao PIB aumentou por conta do encolhimento do denominador. Uma parte da solução para a Previdência era a retomada do crescimento da economia e a criação de empregos.

Além disso, o argumento do "rombo da Previdência" desconsiderava que o sistema de financiamento é tripartite (empresário, trabalhador e governo) e que parte das receitas da Previdência foram desviadas por meio das DRUs e outras isenções. Defensores da previdência pública, como Eduardo Fagnani, argumentavam que o sistema era sustentável e que bastava a retomada da economia e a implementação de medidas para recompor a arrecadação, ou seja, tributos para financiar a dignidade dos brasileiros que não atuam mais no mercado de trabalho.

A proposta inicial do governo enviada ao Congresso (PEC n. 6/2019) basicamente visava implodir o INSS enquanto sistema público e de repartição. O texto, por exemplo, não diferenciava homens e mulheres e propunha um tempo mínimo de 25 anos de contribuição para ter direito à aposentadoria. Esse tempo é inatingível para a maior parte dos contribuintes, especialmente aqueles inseridos de forma mais precária no mercado de trabalho. A proposta tiraria da previdência pública uma grande parcela da população, com vieses de classe, raça e gênero, acentuando desigualdades.[6]

Outro destaque da proposta inicial era a migração para o regime de capitalização, em que o entrante no mercado de trabalho poderia optar pela substituição da Previdência Social por uma previdência individual. Essa proposta mostra que o interesse dos reformistas ia além de resolver o déficit: no fundo, eles não acreditavam em um sistema de previdência de repartição como o INSS, baseado em transferências intergeracionais e no princípio da solidariedade, e queriam mudar a natureza do sistema.

A migração para o regime de capitalização seria contraproducente do ponto de vista fiscal e socialmente indesejável. Do lado fiscal, traria um custo enorme para o Estado, uma vez que cada trabalhador da ativa que migrasse de regime deixaria de financiar os atuais aposentados. Em vez de reduzir o déficit, a proposta iria aumentá-lo. Do ponto de vista social, a transição para um novo regime poderia produzir um contingente de desamparados, impossibilitados de se aposentar pelo regime de repartição, tampouco de acumular fundos suficientes para uma aposentadoria digna no regime de capitalização, que se tornariam, assim, alvos de políticas assistenciais focalizadas.

Felizmente, a proposta do governo passou por novas redações e a reforma aprovada pela Emenda Constitucional 109, ao final, excluiu a capitalização. Após um período de transição, a nova Previdência acaba com a aposentadoria por tempo de contribuição e institui uma idade mínima de 62 anos para mulheres e de 65 anos para homens, sendo que antes não havia idade mínima caso fossem atingidos 30 anos de contribuição para mulheres e 35 anos para homens; já para quem atingia o mínimo de 15 anos de contribuição, a idade mínima era de 60 anos (para mulheres) e de 65 anos (para homens).

Além disso, a reforma aumenta o tempo mínimo de contribuição dos homens para 20 anos e muda a forma de cálculo do benefício. Antes, no Regime Geral da Previdência, o cálculo era feito com base nas 80% maiores contribuições efetuadas. Já a partir da reforma, o valor passou a ser 60% da média de todas as contribuições previdenciárias e, para cada ano adicional de contribuição além do mínimo exigido, são acrescidos dois pontos percentuais. Assim, para ter direito à aposentadoria no valor de 100% da média de contribuições, as mulheres deveriam contribuir por 35 anos, e os homens, por 40 anos.

Em linhas gerais, a reforma reduziu a atratividade do sistema de previdência pública e incentivou a saída do sistema. A redução do benefício tende a manter idosos no mercado de trabalho mesmo depois da aposentadoria, sobrecarregar políticas de assistência social e incentivar fundos privados de capitalização. Além disso, a reforma fortaleceu esquemas de capitalização complementares no setor público, tendência que já vem de outras reformas, com um reconhecimento crescente da previdência complementar como pilar estruturante do sistema previdenciário brasileiro, promovido por incentivos fiscais e mesmo pela obrigatoriedade de estados e municípios adotarem regimes de previdência privada para os seus servidores.[7]

## O plano Mais Brasil e os direitos na mira

Em seguida à reforma da Previdência, o ministro Paulo Guedes apresentou o Plano Mais Brasil, que consistia em um conjunto de medidas que, segundo o próprio, teriam o potencial de transformar o Estado brasileiro. Esse plano ganha materialidade em um pacote de três propostas de emenda à Constituição: PEC Emergencial, PEC dos Fundos Públicos e PEC do Pacto Federativo.

Em essência, tratava-se de reduzir gastos obrigatórios, revisar fundos públicos e alterar regras do Pacto Federativo. Entre as propostas havia um gatilho para cortar 25% do salário e da jornada de funcionários públicos, além de outros gastos, quando a despesa chegasse a uma determinada proporção da receita. Adicionalmente, visava-se descentralizar recursos públicos, reduzir o número de municípios e fundir os pisos mínimos para gastos com saúde e educação.

Uma das propostas chama a atenção por sintetizar simbolicamente o projeto de país almejado pela agenda de 2016. Trata-se da modificação do artigo 6º da Constituição, que diz: "São direitos sociais a educação, a saúde, a alimentação, o trabalho, a moradia, o transporte, o lazer, a segurança, a previdência social, a proteção à maternidade e à infância, a assistência aos desamparados, na forma desta Constituição".[8] A esse belo artigo constitucional, seria acrescentado um parágrafo, de acordo com a PEC

188/2019: "Será observado, na promoção dos direitos sociais, o direito ao equilíbrio fiscal intergeracional".[9]

Na prática, a proposta visa relativizar os direitos sociais e subordiná-los a uma figura abstrata chamada "equilíbrio fiscal intergeracional". Uma jabuticaba jurídica, cujo papel era condicionar o cumprimento dos direitos a uma avaliação econômica sobre a sustentabilidade fiscal sujeita a interpretações. Ou seja, se o julgamento fosse o de que não havia recurso, não haveria garantia de direitos. Isso em um país como o Brasil, onde não há escassez de recursos, mas distribuição desigual deles. Há, portanto, uma inversão de hierarquia, pois os direitos deveriam condicionar o orçamento e a política fiscal, e não o contrário. Assim, a intenção de Guedes era constitucionalizar essa falsa hierarquia entre o fiscal e os direitos, entre o econômico e o social.

A preocupação intergeracional também aparece em discursos de Paulo Guedes que buscavam vender a ideia da austeridade fiscal como um compromisso com as futuras gerações. Segundo ele, nossos filhos e netos não deveriam pagar uma conta (dívida) deixada por nós. Essa ideia, que apela ao senso comum, é totalmente falsa. Uma geração sem educação, saúde ou emprego não deixa legado algum para uma geração futura. O tempo para a garantia de direitos é o presente.

Na afirmação também está implícita a ideia de que o corte de gastos não interfere no crescimento e no emprego. A geração do pós-guerra em países europeus deixou o Estado de bem-estar social como legado para filhos e netos, não com austeridade fiscal, mas com aumento do gasto público. Na Inglaterra, por exemplo, apesar da expansão do gasto, a relação dívida/PIB caiu com o crescimento econômico, os juros baixos e as reformas tributárias que aumentaram a arrecadação e a progressividade dos impostos.[10]

Portanto, a destruição de direitos e da infraestrutura pública não é o caminho para cuidar dos nossos filhos e netos.

Felizmente, as PECs de Guedes foram atropeladas pela pandemia e acabaram desidratadas. O artigo 6º e os direitos sociais continuam na Constituição.

## Austeridade em quarentena

Durante a pandemia, a ideia de austeridade fiscal saiu de cena, vários mitos caíram por terra e dogmas foram deixados de lado diante de uma realidade impositiva. O gasto público, apontado como o grande vilão da economia brasileira, em poucas semanas se tornou a principal solução. Na retórica de alguns, o Estado, que estava quebrado, ficou solvente e o dinheiro, que tinha acabado, reapareceu. Assim, por um curto período, a pandemia postergou o debate sobre as reformas e criou quase um consenso de que era preciso gastar com saúde, assistência social e apoio às empresas e aos trabalhadores e, para isso, deixar de lado a austeridade fiscal.

Vale sublinhar que a reação inicial do governo foi de negacionismo também no plano econômico. Dois dias depois de a Organização Mundial da Saúde (OMS) declarar a pandemia, Paulo Guedes afirmou que "com R$ 5 bilhões a gente aniquila o coronavírus".[11] Pouco depois, o ministro anunciou uma proposta de auxílio de R$ 200 para trabalhadores informais e autônomos, que custaria R$ 15 bilhões ao orçamento público.[12] Àquela altura, o governo relutava em aceitar os fatos e não imaginava que seriam gastas centenas de bilhões de reais adicionais no combate à pandemia em 2020.

Na verdade, a pandemia provocou, como sugere Laura Carvalho, um "curto-circuito" no governo.[13] Guedes e sua equipe estavam ali para desconstruir o Estado e cortar gastos, amparados por um discurso de que não havia dinheiro e de que o mercado era a solução para os problemas brasileiros. De repente, uma situação extraordinária mostrou que o mercado era incapaz de apresentar soluções e exigiu uma forte atuação do Estado. Era necessário garantir renda para trabalhadores formais, informais e desempregados, recursos para empresas, estabilidade para o sistema financeiro e corporativo e um conjunto amplo de medidas voltadas para a área da saúde e o combate à pandemia. Mundo afora, o receituário ortodoxo para o manejo do orçamento público foi abandonado.

Dessa forma, a contragosto do governo e pressionado pela forte mobilização da sociedade civil, o Congresso votou um amplo auxílio emergencial e uma série de outras medidas para amenizar os efeitos da pandemia e viabilizar o seu combate. O auxílio foi instituído no valor de R$ 600 para trabalhadores informais, autônomos e sem renda fixa, podendo chegar a R$ 1.200 para famílias chefiadas por mulheres.[14] Tratava-se do maior programa de transferência de renda da história brasileira, que beneficiou diretamente 67,9 milhões de pessoas – cerca de um terço da população brasileira.[15] Esse programa foi absolutamente fundamental para amenizar o impacto social da pandemia e permitir o isolamento e, como mostram estudos, chegou a reduzir a desigualdade de renda entre 2019 e 2020.[16]

Além do Auxílio Emergencial, foram lançados outros programas, como o Benefício Emergencial de Manutenção do Emprego e da Renda (BEm), que liberou um crédito de R$ 51,6 bilhões para a manutenção de empregos, e o Programa Nacional de Apoio às Microempresas e Empresas de Pequeno Porte (Pronampe), que proporcionou empréstimos no valor de até 30% do faturamento das empresas.[17] Além disso, outra medida provisória liberou a redução da jornada de trabalho e dos salários, permitindo que empresas firmassem acordos diretos com os empregados para reduzir em até 70% a jornada e salários de funcionários, sem a intervenção de sindicatos, por até três meses.[18] Em contrapartida, a medida criava um benefício complementar pago pelo governo e dava estabilidade no emprego ao trabalhador.

Os gastos com a pandemia foram viabilizados por créditos extraordinários, mecanismo orçamentário destinado a despesas imprevisíveis, como situações de calamidade pública. Em 2020, os créditos extraordinários foram da ordem de R$ 520 bilhões, equivalentes a 6,8% do PIB, o que corresponde a 37% do valor de todas as despesas sujeitas ao teto de gastos.[19] Como se tratava de despesas excepcionais, que não estavam sujeitas ao teto, não houve necessidade de alteração na EC95.

A parcela de R$ 600 do Auxílio Emergencial vigorou de abril a agosto de 2020. Para os meses restantes do ano, essa parcela foi reduzida para R$ 300.[20] Com a virada do ano, o auxílio simplesmente deixou de existir. Diante da redução das mortes diárias da primeira onda de covid-19, Bolsonaro promoveu uma campanha pelo fim do isolamento e pela volta à normalidade. O fim do auxílio era visto como um fator que estimularia a retomada das atividades econômicas. Essa decisão, porém, se mostrou criminosa, pois obrigou as pessoas a irem para a rua e se expor ao vírus em meio à ascensão da segunda onda da doença no Brasil, muito mais letal que a primeira. Além disso, a retirada do auxílio foi um dos maiores erros econômicos de Bolsonaro, que pode ter custado sua reeleição.

Em março de 2021, enquanto três mil pessoas morriam de covid-19 por dia, não havia auxílio algum.[21] Sua retomada se daria apenas em abril de 2021, no auge da segunda onda, mas com um valor reduzido de R$ 250 e com um alcance menor.[22] O balanço de 2021 foi trágico: naquele ano, 412 mil brasileiros morreram de covid-19, e a taxa de pobreza saltou de 24% em 2020 para 29% em 2021.[23] Em 2021, 62,5 milhões de pessoas eram consideradas pobres no país, 11,6 milhões a mais que em 2020.[24]

Por detrás desses números estava um governo que desejava o retorno à agenda de reformas e de austeridade fiscal. Em agosto de 2020, o governo entregou ao Congresso o orçamento de 2021 prevendo a volta à normalidade, o que implicava gastos públicos limitados ao teto de gastos. Tratava-se de algo absolutamente fora de propósito, pois exigia um ajuste fiscal da ordem de 6% do PIB em plena pandemia, com o gasto com saúde voltando ao patamar de 2019.[25] O orçamento "impossível" seria viabilizado por meio de reformas para desobrigar, desvincular, desindexar, tal como na Ponte para o Futuro. Assim, o debate econômico passou a avaliar maneiras de furar os pisos constitucionais da saúde e educação, unificar e reduzir programas sociais, congelar aposentadorias e salário mínimo e reduzir salários do funcionalismo público. Os balões de ensaio se mostraram inviáveis politicamente, e a discussão passou a ser como furar o teto de gastos.

Para piorar, o orçamento de 2021, que trazia a previsão de recursos para a assistência social e a saúde, não foi votado no ano anterior como de praxe e, apesar da urgência diante da fome e da falta de vacina, o governo e o Congresso tinham outras prioridades. Depois da eleição do presidente da Câmara dos Deputados em fevereiro de 2021, houve um vaivém de pautas, como a reforma administrativa e o projeto de lei do câmbio e o da autonomia do Banco Central – pautas essas votadas e aprovadas antes do orçamento de 2021. Enquanto não havia auxílio nem vacina, o governo entregava reformas sem nenhum impacto de curto prazo, mas que eram chave para a agenda de 2016. Finalmente, em março, o Congresso aprovou o orçamento junto com a PEC Emergencial, que abriu espaço fiscal fora do teto para permitir a volta do auxílio e provisões para a saúde e outras áreas. Naquele ano, os créditos extraordinários somaram R$ 114 bilhões, equivalentes a 1,3% do PIB.[26]

## Liberalização financeira e autonomia do Banco Central

O governo Bolsonaro promoveu o maior processo de liberalização financeira desde FHC, incluindo reformas caras à ortodoxia econômica que a primeira onda neoliberal no Brasil não havia entregado, como a autonomia do Banco Central, a reforma do mercado cambial e uma agenda silenciosa que promove a desregulação dos mercados de capitais.

A autonomia do Banco Central, conferida pela Lei Complementar n. 179/2021, tem como mudança principal a blindagem da diretoria da instituição do calendário político. Esta estabelece mandato fixo de quatro anos para o presidente do banco, com início no dia 1º de janeiro do terceiro ano de mandato do presidente da República, e também para os oito diretores da instituição, que teriam nomeação escalonada – dois por ano, durante quatro anos.

Segundo os defensores da medida, a autonomia ajudaria na missão institucional do Banco Central de combate à inflação ao reduzir incertezas e ancorar expectativas, impedindo ingerências políticas supostamente oportunistas, especialmente em períodos eleitorais. Com a autonomia, a instituição ganharia credibilidade perante investidores internacionais, o que poderia levar à queda da taxa de juros.

No entanto, essa defesa supõe que os nomeados para o Banco Central sejam gestores independentes dos interesses do mercado. As decisões do banco afetam diretamente a rentabilidade do setor financeiro, uma vez que determinam as taxas de juros de curto prazo, têm influência sobre a taxa de câmbio e preços de ativos financeiros e regulamentam o mercado financeiro. Muitos dos diretores do Banco Central passaram pela chamada "porta giratória", saindo do mercado financeiro para regular os seus antigos chefes e então retornando ao mercado financeiro em melhor posição. Serviço público e lucros privados se misturavam, em um claro conflito de interesse.

Além disso, não há evidências conclusivas de que a autonomia reduz os juros ou de que é mais conveniente para a sociedade. Segundo estudo publicado pelo Banco Mundial,[27] um banco central independente tende a aumentar a desigualdade por três motivos: primeiro, incentiva a desregulamentação financeira; segundo, dá uma resposta mais conservadora à inflação, gerando menos crescimento e mais desemprego; e, terceiro, demanda do Executivo ajustes fiscais, constrangendo o papel distributivo dos gastos públicos. Por fim, a autonomia do Banco Central dificulta a coordenação de políticas macroeconômicas, e o descasamento dos mandatos pode criar conflitos políticos dentro do governo.

Enquanto a autonomia do Banco Central garante a blindagem da diretoria, o novo marco cambial, estabelecido pela Lei n. 14.286/21, transfere para a instituição mais poder para fazer uma profunda transformação no mercado de câmbio brasileiro. O Banco Central tem carta branca para, por exemplo, disseminar as contas em dólar para residentes, pessoas físicas e jurídicas. A plena conversibilidade da moeda, ou seja, a troca livre entre o real e moedas estrangeiras, estava na agenda liberal dos anos 1990. Trata-se de um projeto que atende às demandas das grandes instituições financeiras por maior mobilidade da riqueza entre diferentes moedas.

No entanto, se essa agenda era fortalecida pelo contexto internacional nos 1990, nos anos 2020 ela soa anacrônica, dadas as experiências históricas e os riscos envolvidos. Esse foi o caminho trilhado pela Argentina e pelo Equador rumo a um processo, parcial ou total, de dolarização da economia. Embora do ponto de vista microeconômico seja vantajoso para uma empresa ou uma pessoa física mudar sua riqueza do real para outra moeda quando conveniente, o efeito macro pode ser desastroso, pois, diante de crises, os agentes podem fugir da moeda nacional e demandar moedas estrangeiras, gerando crises cambiais e de balanço de pagamentos recorrentes. Se todos entrarem no aplicativo do banco simultaneamente e mudarem suas aplicações de real para dólar, a moeda nacional colapsa.

Para além das contas em dólar, a nova lei possibilitou a liberação do crédito em reais para não residentes, um prato cheio para especuladores estrangeiros que podem entrar aqui sem um centavo de dólar e ganhar dinheiro apostando contra a moeda brasileira. Ou seja, aumentou a vulnerabilidade externa ao ampliar o tamanho potencial das apostas especulativas contra a moeda nacional.

A reforma no mercado de câmbio e a autonomia do Banco Central foram parte de uma agenda de liberalização mais ampla, e por vezes silenciosa, que envolveu modificações de normas e resoluções infralegais. Lançada em 2019, a Iniciativa de Mercado de Capitais (IMK) foi uma ação estratégica do governo federal que envolveu o Banco Central, o Ministério da Economia, instituições do mercado financeiro, como a B3, além de associações e entidades patronais, como a Federação Brasileira de Bancos (Febraban) e a Associação Brasileira das Entidades dos Mercados Financeiro e de Capitais (ANBIMA). Segundo o Ministério da Fazenda, entre os anos de 2018 e 2022, foram discutidos cerca de sessenta temas, com resultados efetivos para o aperfeiçoamento do arcabouço regulatório e para uma maior eficiência do mercado financeiro.[28] Entre essas medidas está a revogação da Resolução 3.312 do Conselho Monetário Nacional

(CMN), que restringe as operações com derivativos no exterior às operações de *hedge*, ou seja, operações feitas por essas instituições no exterior para se proteger.

## Privatizações e fatiamento da Petrobras

Além das reformas já citadas, outras políticas mostram o caráter neoliberal da agenda do governo Bolsonaro. As privatizações começaram no governo Temer, mas foram continuadas com Bolsonaro, que arrecadou em torno de R$ 300 bilhões com vendas de estatais, entre elas a Eletrobrás.[29] O BNDES se desfez de mais de R$ 70 bilhões em ações de empresas como a Vale e reduziu substancialmente sua carteira de investimento.[30] O banco, peça-chave na política econômica de Lula e Dilma, já não contava mais com os aportes do Tesouro e com a taxa de juros de longo prazo (TJLP), que tornavam os empréstimos do BNDES vantajosos.[31] Além disso, a Lei das Estatais, aprovada em 2016 em meio ao processo de *impeachment*, buscou disciplinar as estatais federais, restringindo a interferência do Executivo e impondo uma forma específica de governança e a busca por rentabilidade como finalidade de empresas públicas.

Já a Petrobras, principal estatal brasileira, foi fatiada nos governos Temer e Bolsonaro por meio de um processo de desinvestimento e venda de ativos estratégicos, como a BR Distribuidora (cuja privatização foi concluída em 2021), refinarias, campos de petróleo, Gaspetro, empresas de gasodutos, Liquigás, polos e campos de petróleo, termelétricas, usinas eólicas, entre outros.

A empresa historicamente foi usada como um instrumento de desenvolvimento, um sistema que vai "do poço ao posto", começando pela extração do petróleo bruto e desembocando na venda e comercialização de gasolina e outros combustíveis.

No processo, passa-se por refinarias, terminais, malhas de dutos, fábricas de fertilizantes, termelétricas, entre outras operações. O controle e a integração dessas cadeias produtivas proporcionam ganhos competitivos e facilitam políticas de desenvolvimento nacional e regional, pois permitem estimular a geração de renda e emprego, agregar valor à produção, priorizar insumos locais, absorver choques de preços externos, contribuir para a soberania energética, gerar tecnologia etc. Contudo, o projeto neoliberal visava esvaziar a empresa para privatizá-la. Assim, ao abandonar áreas de atuação como a petroquímica, setores de biocombustíveis e fertilizantes, a Petrobras deu passos para se tornar uma simples exportadora de óleo cru.[32]

Concomitantemente, outras mudanças reduziram o poder de mercado da empresa, como a mudança no marco regulatório do pré-sal, que tirou o *status* de operadora única da Petrobras e permitiu que outras empresas pudessem comandar a exploração em poços do pré-sal. Além disso, a capacidade da Petrobras de estimular crescimento, emprego e desenvolvimento regional se reduziu com o fim da exigência de conteúdo nacional e a redução de tarifas de importação de máquinas, equipamentos e materiais para a empresa. Por fim, a política de paridade de preços internacionais acabou com a administração de preços da gasolina e do diesel destinada a amortecer choques externos e seu impacto na inflação. E, de quebra, facilitou a distribuição de dividendos para acionistas, que nos anos de 2021 e 2022 somaram centenas de bilhões de reais. Na agenda neoliberal, a Petrobras deixou de atender aos interesses nacionais e passou a atender aos interesses dos acionistas.

## O fracasso da experiência neoliberal

Apesar das promessas de crescimento, as reformas e a austeridade fiscal não entregaram crescimento econômico. A economia cresceu 1,1% em 2019, caiu 3,3% em 2020 com o impacto da pandemia, recuperou-se do tombo e cresceu 5% em 2021, para, em seguida, crescer 2,9% em 2022.[33] Em uma comparação internacional, a queda da economia brasileira no ano de 2020 estava próxima à média mundial de 3%, mas a recuperação foi mais lenta.[34]

Já a análise do crescimento de 2015 a 2022 mostrou o Brasil com o pior desempenho em um grupo de cinquenta países com dados disponíveis na Organização para a Cooperação e Desenvolvimento Econômico (OCDE). Esse período foi trágico em termos de crescimento econômico, o pior de nossa história, considerando que só em 2022 recuperamos o PIB de 2014. O fator determinante para o baixo crescimento foi a escassez de demanda, de forma que a atuação anticíclica do governo poderia ter amenizado a crise.[35] Ou seja, o baixo crescimento da economia brasileira está diretamente associado à austeridade fiscal e à agenda de 2016, que contribuíram para a contração da demanda em um contexto de desemprego e capacidade produtiva ociosa. Apesar disso, a interpretação dominante sobre o desempenho da economia brasileira buscou dissociar completamente esse resultado da austeridade e das reformas neoliberais que marcaram o período.

A tragédia também repercutiu no mercado de trabalho, nos índices de desigualdade e nos indicadores sociais. A taxa de desemprego começou a escalar com o choque recessivo de 2015, aumentou ao longo do governo Temer e teve seu recorde na pandemia, quando a população desempregada chegou próximo de quinze milhões no Brasil.[36] Com a melhoria na taxa de desemprego nos anos de 2021 e 2022, voltou-se ao nível de 2015, mas com uma piora na composição do mercado de trabalho, considerando a subutilização da força de trabalho.[37] Destaca-se também que o rendimento médio real do trabalhador em 2021 foi o pior em mais de dez anos e que o salário mínimo ficou sem reajuste real ao longo do governo Bolsonaro, assim como várias categorias do funcionalismo público.[38]

No campo social, a experiência neoliberal deixou estragos: a desigualdade de renda medida pelo índice de Gini aumentou a partir de 2015.[39] O período de predomínio das políticas neoliberais também foi marcado por retrocessos em várias áreas sociais, pelos indicadores de pobreza e miséria e pela volta do Brasil ao mapa da fome das Nações Unidas em 2022.[40]

Nesse contexto, o discurso exaustivo ao longo de oito anos de que o corte de gastos e as reformas gerariam confiança, crescimento e emprego perdeu credibilidade e habilitou eleitoralmente a volta da agenda distributiva, que dominou o programa de Lula vencedor nas urnas. As eleições de 2022 não se resumiram a um plebiscito pela democracia; elas também rechaçaram um modelo econômico trágico que condenou parte da população à fome, à pobreza e ao desemprego.

CONSIDERAÇÕES FINAIS
# AGENDAS EM DISPUTA

Este livro é uma história da disputa entre duas agendas econômicas: a distributiva, que caracterizou os governos Lula 1 e 2 e Dilma 1, e a agenda de 2016, que se viabiliza com o choque recessivo de 2015 e dá direção à política econômica nos governos Temer e Bolsonaro. O contraste no desempenho econômico entre esses dois períodos é enorme: enquanto o período de 2003 a 2014 marcou uma "década virtuosa", o de 2015 a 2022 pode ser caracterizado como uma "década trágica". No primeiro, a média de crescimento foi de 3,5%, enquanto no segundo foi de 0,2%.[1] A década virtuosa foi marcada pela redução das desigualdades e melhorias sociais; a década trágica, pelo aumento da pobreza, volta da fome e piora no mercado de trabalho.

Mas a história não terminou aí: as agendas continuam em disputa. A eleição de Lula pode ser considerada um fato surpreendente à luz do que se passou, uma vez que sua prisão foi um caminho para viabilizar a continuidade da agenda de 2016. O que se seguiu na história brasileira, porém, deu tão errado que a volta de Lula passou a fazer sentido para uma parte das elites políticas e econômicas que antes tinham apoiado a eleição de Bolsonaro. O governo Bolsonaro, ao mesmo tempo que entregava pontos da agenda de 2016, promoveu uma instabilidade institucional com consequências imprevisíveis.

Lula foi eleito com pouco mais da metade dos votos, prometendo pacificar um país polarizado e voltar à normalidade no modo de fazer política. Nesse contexto, perguntas importantes ficam no ar: como o terceiro mandato de Lula vai arbitrar as duas agendas econômicas? O que será continuado e o que será rompido em relação ao período Temer/Bolsonaro? Reformas serão revistas? Veremos uma volta da agenda distributiva? A economia brasileira voltará a ter um modelo de crescimento movido pelas políticas redistributivas, com ênfase no mercado interno? A agenda de 2016 será reciclada e continuará sendo implementada?

O discurso de posse de Lula reafirmou a agenda distributiva e trouxe críticas frontais à agenda de 2016. Por exemplo, quando sinalizou "resgatar o papel das instituições do Estado, bancos públicos e empresas estatais no desenvolvimento do país", ou quando criticou uma visão de mundo baseada no individualismo e na "destruição do Estado em nome de supostas liberdades individuais". E ainda apontou para a ideia, desenvolvida no primeiro capítulo, do mercado de consumo de massa como indutor do crescimento ao propor retomar a política de valorização do salário mínimo e as políticas sociais. Segundo o presidente Lula, "a roda da economia vai voltar a girar e o consumo popular terá papel central nesse processo".[2] Há, contudo, uma diferença entre o discurso e a prática, assim como limites estabelecidos pelo cenário externo e pelos constrangimentos de ordem política.

Já no primeiro ano, o novo governo Lula recriou o Bolsa Família; as estatais foram retiradas do programa de privatizações; os bancos públicos mudaram de orientação; a Petrobrás instituiu uma nova política de preços e várias áreas do governo voltaram a discutir desenvolvimento, (neo)industrialização, transformação ecológica etc. No entanto, a herança de Temer e Bolsonaro impõe constrangimentos para uma mudança no modelo econômico.

A autonomia do Banco Central faz Lula conviver com o presidente do Banco Central indicado por Bolsonaro e coloca em choque membros do governo, que pedem redução de juros, e a direção do banco, que demanda mais ajuste fiscal do governo. A Lei das Estatais impede que empresas e bancos públicos exerçam o mesmo papel que tiveram nos governos anteriores do PT – algumas, como a Eletrobrás, já foram privatizadas. Além disso, as dificuldades com o Congresso Nacional dificultam a formação de uma base de apoio sólida.

Em 2023, o teto de gastos de Temer deixou de valer graças à PEC da transição (PEC 32/22), o que permitiu uma folga orçamentária para a recomposição orçamentária de áreas sociais, aumento de salário mínimo e salário de servidores e reconstrução de políticas públicas destruídas no período Temer e Bolsonaro. Ainda em 2023, o mesmo teto foi substituído por outro regime fiscal, agora não mais na Constituição, mas sob a forma de lei (Lei Complementar n. 200). Apesar de menos rigoroso e mais flexível, o novo regime apresenta problemas similares ao antigo, em particular o "efeito achatamento" discutido no Capítulo 4, que impõe uma discussão sobre a flexibilização do orçamento e sobre a mudança dos pisos de saúde e educação. Se o teto de Temer pressupunha novas reformas, este também. De certa forma, a sustentação do novo regime fiscal depende da continuidade da agenda de 2016.

Além disso, o limite superior de crescimento da despesa do governo, de 2,5%, dado pelo novo regime fiscal é muito inferior ao crescimento real médio das despesas nos governos Lula 1 e 2 (5,2% ao ano), Dilma (3,5%) e mesmo FHC.[3] Esse crescimento permitiu a expansão dos serviços públicos, programas sociais, segurança e o investimento público.

Portanto, a disputa entre as agendas econômicas, distributiva e neoliberal, continua e é parte constitutiva do terceiro mandato de Lula. No centro dela, está a Constituição de 1988, fonte de pressão sobre os gastos sociais e alvo das críticas neoliberais. No momento em que este livro termina, Lula é o principal ator dessa disputa – ao final de seu terceiro governo, saberemos qual das agendas venceu dessa vez.

# BIBLIOGRAFIA

Aklin, M. *et al.* (2021) Does Central Bank Independence Increase Inequality? World Bank Group, *Policy Research Working Paper* 9522.
ANFIP (2019) Análise da Seguridade Social em 2018. ANFIP – Associação Nacional dos Auditores-fiscais da Receita Federal do Brasil. 19ª edição, setembro/2019.
Banco Central do Brasil (2013) Relatório de Economia Bancária e Crédito. Publicação anual do Banco Central do Brasil (BCB).
Barbosa, N. (2010) Latin America: Counter-Cyclical Policy in Brazil: 2008-09. *Journal of Globalization and Development*, v. 1.
Bastos, C. P.; Aidar, G. (2019) Brazil's Economy: Recent Trends and Perspectives. *Texto para Discussão*, n. 015, IE/UFRJ.
Bastos, P. P. Z.; Hiratuka C. (2017) A política econômica externa do governo Dilma Rousseff: comércio, cooperação e dependência. *Texto para Discussão*, n. 306, Unicamp.
_____ *et al.* (2019) A falsificação nas contas oficiais da Reforma da Previdência: o caso do Regime Geral de Previdência Social. Centro de Estudos de Conjuntura e Política Econômica, IE/Unicamp, Nota do Cecon, n. 8, setembro de 2019.
Belluzo, L. G.; Bastos, P.P.Z. (Org.) (2015) *Austeridade para quem?* Balanço e perspectiva do governo Dilma Rousseff. 1ª ed. São Paulo: Carta Maior / Friedrich Ebert Stiftung, 2015.
Biancarelli, A.; Vergnhanini, R. (2018) O setor externo no governo Dilma e seu papel na crise. *In:* Carneiro, R. Baltar, P. Sarti, F. (Org.). *Para além da política econômica.* 1ª ed. São Paulo: Unesp, 2018.
_____ Rossi, P. (2015) Do industrialismo ao financismo. *Revista Política Social e Desenvolvimento*, v. 13, 2015. p. 14.

Bianchi, A. (2019) Golpe de Estado: o conceito e sua história. *In:* Machado, R.; Freixo, A. *Brasil em transe*: bolsonarismo, nova direita e desdemocratização. Rio de Janeiro: Oficina Raquel, 2019.

Bielschowsky, R. *et al.* (2014). Evolução dos investimentos nas três frentes de expansão da economia brasileira na década de 2000. *In:* Calixtre, A.; Biancarelli, A.; Cintra, M. A. (Org.). *Presente e Futuro do Desenvolvimento Brasileiro*. 1ª ed. Brasília: IPEA, 2014. p. 195-225.

BNDES (2014) Relatório anual.

Boito, A. (2018) *Reforma e crise política no Brasil*: os conflitos de classe nos governos do PT. Campinas: Editora da Unicamp, 2018.

Brasil (2016) Constituição da República Federativa do Brasil de 1988. Brasília, DF: Presidente da República.

Bresser-Pereira, L. C. (2016) Onde foi que erramos? Quando e por que a economia saiu da rota. *Folha de S. Paulo*, 27 de março, 2016.

Campello, T. (2017) *Faces da Desigualdade no Brasil*: um olhar sobre os que ficam para trás. Conselho Latino-americano de Ciências Sociais (CLACSO), Faculdade Latino-Americana de Ciências Sociais (Flacso).

Campos, R. (1994) *A lanterna na popa*. Rio de Janeiro: Topbooks, 1994.

Carneiro, R. (2018) Navegando a contravento: uma reflexão sobre o experimento desenvolvimentista do governo Dilma Rousseff. *In:* Carneiro, R.; Baltar, P.; Sarti, F. (Org.). *Para além da política econômica*. 1ª ed. São Paulo: Unesp, 2018.

_____ (2008) Globalização e inconversibilidade monetária. *Revista de Economia Política*, v. 28, n. 4, 2008. p. 539-556.

Carvalho, L. (2018) *Valsa Brasileira, do boom ao caos econômico*. São Paulo: Todavia, 2018.

_____ (2020) *Curto-circuito*: o vírus e a volta do Estado. 1ª ed. São Paulo: Todavia, 2020.

Castro, J. A. (2012). Política social e desenvolvimento no Brasil, Economia e Sociedade. Campinas, v. 21, Número Especial, p. 1011-1042, dezembro.

Cohen, B. J. (2004) *The future of money*. Princeton: Princeton University Press.

Coligação Lula Presidente (2002) Um Brasil para todos. Comitê Lula Presidente, São Paulo.

De Conti, B. M. (2011) *Políticas cambial e monetária*: os dilemas enfrentados por países emissores de moedas periféricas. [Tese de doutorado]. Instituto de Economia, Universidade de Campinas.

De Negri, F. Alvarenga, G. (2011) *A primarização da pauta de exportações no Brasil: ainda um dilema*. Radar Tecnologia, Produção e Comércio Exterior, Brasília, IPEA, n. 13.

Dieese (2020) Aumento do salário mínimo, produtividade, inflação, desemprego e informalidade: quebrando alguns mitos. Nota Especial n. 2, Departamento Intersindical de Estatística e Estudos Socioeconômicos.

_____ (2017) Balanço das negociações dos reajustes salariais de 2016. *Estudos e Pesquisas*, n. 83, março de 2017.

Dos Santos, C. H. *et al.* (2015) Por que a elasticidade-câmbio das importações é baixa no Brasil? *Texto para discussão*, n. 2045, IPEA.

Dweck, E. (2020) Por que é imprescindível revogar o Teto de Gastos? *In:* Dweck, E.; Rossi, P.; Oliveira, A. L. M. (Org.). (2020) *Economia pós-pandemia*: desmontando os mitos da austeridade fiscal e construindo um novo paradigma econômico. 1ª ed. São Paulo: Autonomia Literária, 2020. v. 1.

_____ Rossi, P.; Mello, G. (2020) Sobre o diagnóstico falacioso da situação fiscal brasileira. *In:* Dweck, E.; Rossi, P.; Oliveira, A. L. M. *Economia pós-pandemia*: desmontando os mitos da austeridade fiscal e construindo um novo paradigma econômico. 1ª ed. São Paulo: Autonomia Literária, 2020, v. 1.

_____ Rossi, P.; Oliveira, A. L. M. (2018) *Economia para poucos*: impactos Sociais da Austeridade e Alternativas para o Brasil. 1ª ed. São Paulo: Autonomia Literária, 2018.

_____ *et al.* (2018) Assessing the Impact of Fiscal Consolidations on Unemployment and Growth in the Brazilian Economy. *In:* 46º Encontro Nacional de Economia, ANPEC, Rio de Janeiro.

Fagnani, E. (2018) Austeridade e Seguridade: a destruição do marco civilizatório brasileiro. *In:* Dweck, P.; Rossi; P.; Oliveira A. L. M. (Org.). *Economia para poucos*: impactos Sociais da Austeridade e Alternativas para o Brasil. 1ª ed. São Paulo: Editora Autonomia Literária, 2018.

_____ (2019) *Previdência*: o debate desonesto. São Paulo: Contracorrente.

Filho, F. H. (2017) A crise econômica de 2014/2017. *Estudos Avançados*, n. 31 (89), jan./abr. 2017.

Fontainha, F. *et al.* (2021) A Reforma Trabalhista de 2017 e seus efeitos: análise do fluxo processual do TRT1. *Opinião Pública*, Campinas, v. 27, n. 3, set.-dez., p. 797-821.

Furno, J.; Rossi, P. (2023) *Economia para transformação social*: pequeno manual para mudar o mundo. São Paulo: Autonomia Literária e Fundação Perseu Abramo, 2023.

Furtado, C. (1966) *Subdesenvolvimento e estagnação na América Latina*. Rio de Janeiro: Civilização Brasileira.

_____ (1992) O Subdesenvolvimento Revisitado, Campinas: Economia e Sociedade, 1992, n. 1.

Gobetti, S.; Orair, R. (2017) Resultado Primário e Contabilidade Criativa: reconstruindo as estatísticas fiscais "acima da linha" do governo geral. *Texto para discussão*, n. 2288, IPEA.

Hiratuka, C. Sarti, F. (2017) Transformações na estrutura produtiva global, desindustrialização e desenvolvimento industrial no Brasil. *Revista de Economia Política*, v. 37, n. 1 (146), p. 189-207, janeiro-março/2017.

Hoffmann, R.; Jesus, J. (2022) A relevância do auxílio emergencial na redução da desigualdade em 2020. *Revista Brasileira de Economia Social e do Trabalho*, Campinas, v. 4.

IPEA (2013) Duas décadas de desigualdade e pobreza no Brasil medidas pela Pnad/IBGE. Comunicados do IPEA, n. 159, 1º de outubro de 2013.

_____ (2023) Carta de Conjuntura 23, n. 61, 4º trimestre.

Komatsu, B. K. Menezes Filho, N. (2015). Salário mínimo e desigualdade salarial: um estudo com densidades contrafactuais nas regiões metropolitanas brasileiras. *Revista Pesquisa e Planejamento Econômico*, v. 45, n. 3.

Klein, N. (2008) *A doutrina do choque*. A ascensão do capitalismo do desastre. Rio de Janeiro: Nova Fronteira, 2008.

Krein, D.; Gimenez, D.; Santos. A. (Org.) (2018) *Dimensões críticas da Reforma Trabalhista no Brasil*. 1ª ed. Campinas: Editora Curt Nimuendajú, 2018.

Laier, P. *et al.* (2022) *A Petrobras fatiada*: prejuízos para engenharia e a soberania nacional. São Paulo: FEBRAGEO.

Lanzara, A.; Silva, B. (2023) As reformas previdenciárias no Brasil e a expansão da previdência complementar. *Revista Brasileira de Ciências Sociais*, v. 38 n. 111.

Lavinas, L. (2018) Brasil anos 2000: a política social sob regência da financeirização. *Novos Estudos CEBRAP*, v. 37, n. 2, maio-agosto 2018.

Lula, L. I. (2002) Carta ao povo brasileiro. Resoluções de encontros e congressos, Partido dos Trabalhadores/Fundação Perseu Abramo.

Medeiros, C. A. (2015) Inserção externa, crescimento e padrões de consumo na economia brasileira. Brasília: IPEA.

Medeiros, M.; Souza, P.; Castro, F. (2015) O topo da distribuição de renda no Brasil: primeiras estimativas com dados tributários e comparação com pesquisas domiciliares, 2006-2012. *Dados Revista de Ciências Sociais*, v. 58 n. 1, 2015. p. 7-36.

Mello, G. Rossi, P. (2018) Do industrialismo à austeridade: a política macro dos governos Dilma. *In:* Carneiro, R.; Baltar, P.; Sarti, F. (Org.). *Para além da política econômica*. 1ª ed. São Paulo: Unesp, 2018. p. 245-282.

Ministério do Desenvolvimento Social (2021) Perfil dos beneficiários do auxílio emergencial pela covid-19. Secretaria de avaliação e gestão da informação / departamento de monitoramento, março 2021.

Mora, M. (2015) A evolução do crédito no Brasil entre 2003 e 2010. *Texto para Discussão*, n. 2022, IPEA.

Morceiro, P. (2016) Vazamento de demanda setorial e competitividade da indústria de transformação brasileira. *Working Paper Series*, FEA-USP.

Nicácio, A. C. Rossi, P. (2020) Fases da política cambial no Brasil de 1999 a 2018. *A Economia em Revista*, v. 28, 2020. p. 1-12.

Nozaki, W. (2018) Os impactos econômicos da Operação Lava Jato e o desmonte da Petrobras. *Jornal GGN*, 27 de agosto, 2018.

Orair, R. (2016) Investimento público no Brasil: trajetória e relações com o regime fiscal. *Texto para discussão*, n. 2215, IPEA.

_____ Gobetti, S. (2015) O gasto público e o ciclo da política fiscal – 1999-2014. Prêmio SOF de monografias 2015. Tema 1: Qualidade do gasto público. 1º Lugar.

Pessoa, S. (2015) A crise atual. *Novos Estudos CEBRAP*, 102, julho 2015.

Pessoa, S.; Filho, F. (2017) Desaceleração recente da economia. *In:* Centro de Debates de Políticas Públicas (CDPP), Coletânea de capítulos da agenda "Sob a Luz do Sol".

Pires, M. (2017) *Política fiscal e ciclos econômicos*: teoria e a experiência recente. Rio de Janeiro: Elsevier, 2017.

_____ et al. (2019) Por que a recuperação tem sido a mais lenta de nossa história? *Brazilian Keynesian Review*, v. 5. p. 174.

PMDB (2015) Uma ponte para o futuro. Brasília: Fundação Ulysses Guimarães.

Prates, D. (2005) As assimetrias do sistema monetário e financeiro internacional. *Revista de Economia Contemporânea*, v. 9, n. 2, maio/agosto. p. 263-288.

Quadros, W. (2015) Paralisia econômica, retrocesso social e eleições. *Revista Plataforma de Política Social*, 21 de janeiro. p. 4-17.

Rego, J.; Marques, R. (Org) (2018) *Economia brasileira*. São Paulo: Saraiva, 2018.

Rossi, P. (2014) O discurso antidistributivo e a produtividade. *Brasil Debate*, 4 de agosto, 2014.

_____ (2016) *Taxa de câmbio e política cambial no Brasil*: teoria, institucionalidade, papel da arbitragem e da especulação. 1ª ed. Rio de Janeiro: FGV Editora, 2016.

_____ Gerbase, L. (2022) *Guia ilustrado de inflação política monetária e direitos humanos*. Brasilia: INESC (Instituto de Estudos Socioeconomicos), 2022.

Rossi, P.; Mello, G. (2016) Componentes macroeconômicos e estruturais da crise brasileira: o subdesenvolvimento revisitado. *Brazilian Keynesian Review*, v. 2, n. 2, 2016. p. 252-263.

_____ Mello, G. (2017) Choque recessivo e a maior crise da história. Nota de Conjuntura do Cecon, n. 1, Unicamp, 2017.

_____ Rocha, M. A. (2016) Industrialisation and the Growth Model in Brazil: A Historical Overview. *In:* Traub-Merz, R. (Org.). *Economic crisis and industrial policies*: policy options for a return to growth in Russia. Moscou: Rosspen.

Sacchet, O. et al. (2016) O consumo das famílias no Brasil entre 2000 e 2013: uma análise estrutural a partir de dados do Sistema de Contas Nacionais e da Pesquisa de Orçamentos Familiares. *Texto para Discussão*, n. 2209, IPEA.

Sanches, M. Carvalho, L. (2022) A contribuição da política fiscal para a crise brasileira de 2015-2016: uma análise baseada em multiplicadores de despesas e receitas primárias do governo central no período 1997-2018. *Nova Economia*, v. 32, n. 1, 2022. p. 7-36.

Sarti, F. Hiratuka, C. (2018) Desempenho recente da indústria brasileira no contexto de mudanças estruturais domésticas e globais. *In:* Carneiro, R.; Baltar, P.; Sarti, F. (Org.). *Para além da política econômica.* São Paulo: Unesp, 2018.

Serrano, F.; Summa, R. (2015) Aggregate demand and the slowdown of Brazilian economic growth in 2011-2014. *Nova Economia*, v. 25, número especial.

Singer, A. (2015) Cutucando onças com varas curtas: o ensaio desenvolvimentista no primeiro mandato de Dilma Rousseff (2011-2014). *Novos Estudos* 102, julho.

Welle, A. *et al.* (2018) Reforma trabalhista e financiamento da previdência social: simulação dos impactos da pejotização e da formalização. *In:* Krein, D.; Gimenez, D.; Santos. A. (Org.) (2018) *Dimensões críticas da Reforma Trabalhista no Brasil.* 1ª ed. Campinas: Editora Curt Nimuendajú, 2018.

# NOTAS

**Capítulo 1**

1 Ver notícia da *Folha* de 28 out. 2002 intitulada "Veja a íntegra do discurso feito hoje por Lula".
2 O programa de governo de 2002 mencionava que "Com a sua melhor distribuição, haverá estímulo ao desenvolvimento de um amplo mercado de consumo de massas" (Coligação Lula Presidente, 2002, p. 31).
3 Furtado (1992).
4 Furtado (1966) argumenta ainda que a má distribuição de renda gerou uma tendência à estagnação no Brasil, argumento contestado por Tavares e Serra (2000 [1970]), que mostram que a acumulação capitalista pode ocorrer apesar de um mercado consumidor limitado e de uma grande população marginalizada num tipo de desenvolvimento concentrador e excludente.
5 Ver Dieese (2020).
6 *Ibid.*
7 O índice de Gini é calculado a partir de dados da Pesquisa Nacional por Amostra de Domicílios (PNAD), que subestima a renda do capital. O estudo de Medeiros, Souza e Castro (2015), que combina os dados da PNAD com os dados da Receita Federal de declaração de imposto de renda, mostra que, apesar da melhoria na distribuição da renda do trabalho, a parcela da renda apropriada pelo topo da distribuição – 0,1%, 1% e 5% mais ricos – pouco se alterou ao longo dos governos do PT.
8 De acordo com Castro (2012).
9 Segundo Quadros (2015).
10 Campello (2017).
11 *Ibid.*
12 *Ibid.*

13 Mora (2015).
14 *Ibid.*
15 De acordo com o documento do IPEA (2013).
16 De acordo com Sacchet de Oliveira *et al.* (2016).
17 Furtado (1966).
18 Segundo dados da antiga PME-IBGE.
19 Dados referentes a Komatsu e Menezes (2015).
20 Segundo Bielschowsky *et al.* (2014).
21 *Ibid.*
22 Dados do IBGE.
23 *Ibid.*
24 Dados de Bielschowsky *et al.* (2014).
25 *Ibid.*
26 Sobre o tema, ver Sarti e Hiratuka (2018) e Bastos e Hiratuka (2017).
27 Rossi e Rocha (2016).
28 Para uma crítica nessa linha, ver Lavinas (2018).
29 Medeiros (2015).
30 A reprimarização da pauta exportadora, ou da estrutura produtiva, acontece quando os produtos do setor primário – responsável pela extração de recursos da natureza, como mineração, extrativismo, pesca, pecuária e agricultura – ganham importância relativa em relação à produção de bens manufaturados realizada pelo setor secundário.
31 Ver De Negri e Alvarenga (2011) e Dos Santos *et al.* (2015).
32 No plano internacional, as transações financeiras e comerciais são concentradas em poucas moedas. Esse uso desigual das moedas tem diversas consequências, como mostra Cohen (2004), Carneiro (2008), Prates (2005) e De Conti (2011).
33 Essa tese está desenvolvida no meu livro *Taxa de câmbio e política cambial no Brasil* (Rossi, 2016).
34 Dados do Balanço de Pagamentos do Banco Central do Brasil.
35 Dados do IBGE.
36 Ver Rego e Marques (2018). Esse acordo envolveu o FMI e outras instituições e, apesar de ajudar na reeleição de FHC, não impediu a especulação contra a moeda brasileira e o fim do regime cambial rígido em 1999.
37 Lula (2002).
38 *Ibid.*
39 Informações do Banco Central do Brasil.
40 *Ibid.*
41 Informações do IBGE e Banco Central do Brasil.
42 Dados de Orair (2016).
43 *Ibid.*
44 Ver Pires (2017).
45 *Ibid.*

46 Dados do Banco Central do Brasil.
47 Para uma análise do setor externo da economia brasileira, ver Biancarelli e Vergnhanini (2018).

**Capítulo 2**

1 Ver, por exemplo, Pessoa (2015) e Pessoa e Barbosa Filho (2017).
2 Um artigo de Nelson Barbosa analisa o impacto dessa e de outras medidas anticíclicas adotadas (Barbosa, 2010).
3 Sobre o debate da desindustrialização, ver Hiratuca e Sarti (2017) e Morceiro (2016).
4 O termo "industrialismo" foi usado em Biancarelli e Rossi (2015) e Mello e Rossi (2018).
5 Carlos Pinkusfeld Bastos e Gabriel Aidar consideram que o governo Dilma buscou reorientar o regime de crescimento liderado pelos salários (*wage-led*) para um crescimento liderado pelos lucros (*profit-led*) (Bastos e Aidar, 2019).
6 Conforme os dados de Orair (2016). Para uma análise que atribui a desaceleração da demanda aos fatores internos, ver Serrano e Summa (2015).
7 Conforme dados do Banco Central do Brasil.
8 O *spread* bancário é a diferença entre a taxa de juros média de captação dos bancos e a taxa de juros cobrada por eles. Na composição do *spread* está o lucro dos bancos, mas também os custos administrativos, a inadimplência, impostos, entre outros. O *spread* bancário no Brasil é um dos mais altos do mundo.
9 De acordo com o relatório de economia bancária e crédito do Banco Central (Banco Central do Brasil, 2013).
10 De acordo com dados do Banco Central do Brasil.
11 *Ibid*.
12 De acordo com o Relatório Anual do BNDES (BNDES, 2014).
13 O afrouxamento monetário, ou *quantitative easing*, foi uma ação de política monetária do Banco Central americano em resposta à crise financeira. O Federal Reserve aumentou a quantidade de dólares em circulação por meio da compra de ativos financeiros e títulos públicos. O aumento da quantidade de moeda não gerou a inflação de preços prevista por alguns economistas, o que contribuiu para jogar por terra os dogmas econômicos associados à corrente monetarista.
14 Conforme discutido em Mello e Rossi (2018).
15 Para uma análise das fases da política cambial no Brasil desde 1999, ver Nicácio e Rossi (2020).
16 O Banco Central atuou sobre a estrutura regulatória do mercado interbancário e impôs custos às posições vendidas dos bancos. Essa regulação aumentou o custo de captação dos bancos por meio de linhas interbancárias internacionais e onerou também a especulação cambial no mercado futuro. Além disso,

houve o aumento da alíquota do IOF cobrado sobre empréstimos externos e sobre as compras com cartões de crédito no exterior, essa última medida com intenção de reduzir o déficit em transação corrente. Em julho de 2011, por meio da Medida Provisória n. 539, o governo ampliou as possibilidades de intervenção no mercado de derivativos. A partir de então, possibilitou-se a imposição de regras para depósitos sobre os valores nocionais dos contratos de futuros e a fixação de limites, prazos e outras condições sobre as negociações desses contratos. Além disso, instituiu-se um imposto de 1% sobre o valor nocional das operações que resultassem em aumento da exposição líquida vendida de um agente no mercado de derivativos. Essa medida atingiu o cerne da especulação cambial que vinha ocorrendo com a venda de contratos de dólar futuro e contribuiu para a valorização do real (Rossi, 2016).

17  Um contrato de *swap* cambial é uma operação de compra ou venda de divisa estrangeira no mercado de derivativos. Ou seja, é um contrato que estabelece uma compra ou venda no futuro, a um preço preestabelecido. Quando o governo vende dólar futuro, contribui para a valorização da moeda brasileira em relação ao dólar; já quando compra dólar futuro, contribui para a desvalorização.
18  Para uma explicação didática da inflação de conflito distributivo, ver Rossi e Gerbase (2022).
19  Para autores novo-desenvolvimentistas como Bresser-Pereira, a taxa de câmbio é o fator explicativo central para a desaceleração. Para ele, o populismo cambial praticado no governo Lula explica a desaceleração: "durante o governo Lula a apreciação do real foi brutal, e inviabilizou o governo Dilma" (Bresser-Pereira, 2016).
20  De acordo com os dados do IBGE.
21  Ver matéria de *O Globo* de 15 de janeiro de 2013 intitulada "Dilma pede a São Paulo e Rio que adiem alta de ônibus".
22  Segundo os cálculos do Dieese.
23  De acordo com os dados do IBGE.
24  Para uma análise do governo Dilma segundo a perspectiva da ciência política, ver Boito (2018) e Singer (2015).
25  De acordo com dados do Banco Central do Brasil.

**Capítulo 3**

1  Sobre esses mitos, ver o livro *Economia para transformação social*, de Furno e Rossi (2023).
2  Dados do Banco Central, série "Dívida bruta do governo geral (% PIB)", metodologia utilizada até 2007.
3  *Ibid.*
4  *Ibid.*
5  A respeito do assunto, ver meu capítulo em parceria com Esther Dweck e

Guilherme Mello no livro *Economia pós-pandemia* (Dweck, Rossi e Melo, 2020).

6   A respeito disso, o professor Belluzzo e Pedro Paulo Bastos escreveram: "O problema das contas públicas em 2014 foi gerado pela estagnação da economia e pelos subsídios públicos que não conseguiram estimular o gasto do setor privado. Se houve 'gastança', ela foi com isenções de impostos e contribuições trabalhistas para empresas que não reagiram como esperado e sim cortaram gastos, em parte por causa da própria desaceleração da demanda, em parte por causa das incertezas do processo eleitoral, em parte por causa da avalanche de importações provocada pela crise internacional" (Belluzzo e Bastos, 2015, p. 5-6).
7   Estatísticas fiscais do Tesouro Nacional.
8   Pessoa (2015), por exemplo, atribui a causa da crise à NME.
9   Cálculos feitos com dados do IBGE.
10  Dados do IBGE.
11  *Ibid.*
12  A primeira formulação dessa interpretação foi feita em Rossi e Mello (2017).
13  As estimativas da consultoria GO Associados apontam um impacto negativo da Lava Jato superior a 3% do PIB entre 2015 e 2019, considerando a redução no investimento da Petrobras e do setor de construção civil. Sobre o tema, ver Nozaki (2018).
14  Conforme os cálculos de Gobetti e Orair (2017), que depuram os efeitos das medidas não recorrentes, como as pedaladas fiscais.
15  Taxa calculada com base em Orair (2016). Sobre as medidas fiscais de 2015, ver Pires (2017).
16  Marina Sanches e Laura Carvalho apresentam um estudo com multiplicadores fiscais e concluem que o custo do ajuste fiscal nos investimentos públicos correspondeu a 20% da queda do produto nos anos de 2015 a 2017 (Sanches e Carvalho, 2022). Na mesma linha, o modelo de Esther Dweck, Marcelo Tonon e Camila Krepsky mostra a natureza autodestrutiva do ajuste fiscal de 2015 (Dweck *et al.*, 2018).
17  Dados do IBGE.
18  Dados do Banco Central do Brasil.
19  *Ibid.*
20  *Ibid.*
21  Dados do IBGE.
22  Dados do IBGE.
23  Rossi e Mello (2017).
24  Dados do IBGE.
25  *Ibid.*
26  Ver matéria da *Exame* de 28 de maio de 2013 intitulada "Desemprego baixo e salário mais alto podem ser ruins?".
27  Ver matéria da *GloboNews* de 7 de abril de 2017 intitulada "'Foi preciso repri-

mir a economia para que os preços caíssem', diz Thais Herédia". Disponível em: https://g1.globo.com/globonews/jornal-globonews-edicao-das-10/video/foi-preciso-reprimir-a-economia-para-que-os-precos-caissem-diz-thais-heredia-5784135.ghtml. Acesso em: 16 mar. 2023.

28 Ver matéria do *Estadão* intitulada "Arminio: 'Nunca disse que o salário subiu demais'". Disponível em: https://www.estadao.com.br/politica/eleicoes/arminio-nunca-disse-que-o-salario-subiu-demais/. Acesso em: 23 abr. 2024.

29 Rossi (2014).

30 Informações do Balanço das negociações dos reajustes salariais do Dieese (Dieese, 2017).

31 Ao final de 2015, esse erro já era evidente, e a mudança no comando do Ministério da Fazenda, com a saída de Joaquim Levy e a entrada de Nelson Barbosa, buscava corrigi-lo. Entretanto, já era tarde e a crise política já tomava grandes proporções.

**Capítulo 4**

1 Os detalhes do processo podem ser encontrados nas alegações finais da defesa da presidente à Comissão Especial do *Impeachment*, disponível na página do Senado Federal: https://www12.senado.leg.br/noticias/arquivos/2016/07/28/alegacoes-finais-da-denunciada. Acesso em: 27 maio 2024.

2 Em ato falho em entrevista para o Roda Viva, Temer se defende sem negar a existência do golpe: "Jamais apoiei ou fiz empenho pelo golpe". Ver matéria do *Poder360* de 17 de setembro de 2017 intitulada "Jamais apoiei ou fiz empenho pelo golpe', diz Michel Temer".

3 Ver Bianchi (2019).

4 A fala de Temer está documentada em vídeo e em diversas notícias, como na matéria de Marcella Fernandes na *Exame* de 23 de setembro de 2016, intitulada "Dilma caiu por não apoiar 'Ponte para o Futuro', diz Temer".

5 Samuel Pessoa e Fernando Barbosa Filho, por exemplo, advogam por reformas da Constituição, pois, segundo eles, trata-se de "um contrato social que prioriza a queda da desigualdade em vez do crescimento econômico". Pessoa e Filho (2017, p. 30).

6 Ver Fagnani (2018), que faz referência a Campos (1994).

7 PMDB (2015, p. 5).

8 Orair e Gobetti (2015).

9 Gastos obrigatórios, vinculações e pisos constitucionais são mecanismos para garantir direitos e financiamento de áreas prioritariamente elegidas na Constituição. Eles protegem o orçamento da ação de grupos de interesses com força no Congresso e restringem a atuação do Executivo e Legislativo no processo orçamentário.

10 Matéria da *Folha de S.Paulo* de 2 de julho de 2005 intitulada "Economistas questionam superávit primário".

11 PMDB (2015, p. 6).
12 Klein (2008).
13 A única exceção é a regra de ouro que limita a emissão de dívida às despesas de capital.
14 A regra anterior ao teto considera que a União deve aplicar 18% da receita líquida de impostos no caso da educação (de acordo com o artigo 212 da Constituição) e 15% da receita corrente líquida no caso da saúde (Emenda Constitucional n. 86 de 2015); antes disso, a regra de reajuste do mínimo a ser aplicado na saúde ocorria em função do PIB nominal do ano anterior (Lei n. 141/2012).
15 Essa estimativa está em Dweck (2020).
16 O trabalho de Fontainha *et al.* (2021) mostra que a partir da reforma há uma queda no número de processos, nos valores e nas condenações.
17 Para uma crítica à reforma, ver o livro de José Dari Krein, Denis Gimenez e Anselmo dos Santos (Krein *et al.*, 2018).
18 A reforma atinge o financiamento da previdência especialmente por seu incentivo à *pejotização*. Um estudo meu com colegas da Unicamp estimou que a *pejotização* de 1% dos trabalhadores celetistas resulta em R$ 1,5 bilhão de perdas para a Previdência Social (em reais de 2015) (Welle *et al.* 2018).
19 Conforme os cálculos de Gobetti e Orair (2017), que depuram os efeitos das medidas não recorrentes, como as pedaladas fiscais.
20 Cálculos feitos a partir da série de PIB *per* capita do Ipeadata.
21 Dados do IBGE.
22 Como noticia o site da Agência Brasil em 28 de setembro de 2017 em matéria intitulada "Popularidade de Temer tem 3% de aprovação, diz pesquisa CNI/Ibope".
23 Conforme noticia o *G1* em 10 de junho de 2018 em matéria intitulada "Reprovação ao governo Temer é de 82%, aponta pesquisa Datafolha".
24 Ver entrevista com Laval realizada por mim e por Mayra Juruá no *Brasil Debate* em 2018, intitulada "Democratas de todo o mundo estão avisados: Bolsonaro é um fascista".
25 O documento do Clube Militar é intitulado "Para um Brasil melhor", divulgado no dia 24 de setembro de 2018.

**Capítulo 5**

1 Já em 2015, Michel Temer tentou passar a reforma da Previdência por meio da PEC 287/2016.
2 Sobre esse debate, ver o livro de Eduardo Fagnani e o estudo de Pedro Paulo Bastos e outros (Fagnani, 2019 e Bastos *et al.*, 2019).
3 Ver matéria de Cristiane Agostine no *Valor Investe* de 30 de abril de 2019, intitulada "Bolsonaro diz que Brasil vai quebrar até 2022 se reforma da Previdência não passar".

4 *Veja* de 29 de maio de 2019.
5 De acordo com estudo da ANFIP (ANFIP, 2019).
6 "Segundo estudo apresentado pela professora Denise Gentil, muitos dos que conseguem se aposentar pela regra atual não mais conseguirão o benefício da aposentadoria. Dos homens que se aposentaram por idade em 2016, 56,6% não teriam conseguido com as regras da PEC 6/2019 (por insuficiência do tempo de contribuição), enquanto que, para as mulheres, o percentual alcançaria 98,69%" (ANFIP, 2019, p. 134).
7 Sobre a expansão da previdência complementar ao longo das últimas reformas, ver Lanzara e Silva (2023).
8 Brasil (2016, p. 18).
9 Senado Federal, Proposta de Emenda à Constituição n. 188, de 2019.
10 Conforme discutido em Dweck, Rossi e Mello (2020).
11 Ver matéria da *UOL* de 13 de março de 2020 intitulada "'Com R$ 5 bilhões a gente aniquila o coronavírus', diz Paulo Guedes".
12 Como noticiado pelo *G1* em 18 de março de 2020 em matéria intitulada "Guedes anuncia auxílio mensal de R$ 200 a autônomos, em pacote de R$ 15 bi a 'pessoas desassistidas'".
13 Carvalho (2020).
14 As medidas de combate à pandemia estão amparadas na Lei n. 13.982/2020.
15 Conforme relatório do Ministério do Desenvolvimento Social (2021). Disponível em: http://aplicacoes.mds.gov.br/sagi/pesquisas/documentos/relatorio/relatorio_225.pdf. Acesso em: 27 maio 2024.
16 Ver, por exemplo, o estudo de Rodolfo Hoffmann e Josimar de Jesus (Hoffmann e Jesus, 2022).
17 Ver matéria da *Agência Senado* do dia 2 de abril de 2020 intitulada "Governo libera R$ 51,6 bilhões para benefício emergencial a trabalhadores".
18 Medida Provisória n. 936, de 1º de abril de 2020.
19 De acordo com as estatísticas fiscais do Tesouro Nacional.
20 Conforme instituído pela Medida Provisória n. 1.000, de 2 de setembro de 2020.
21 Dados do Painel Coronavírus do Ministério da Saúde.
22 Auxílio instituído pela Medida Provisória n. 1.039, de 18 de março de 2021.
23 Dados da Síntese dos Indicadores Sociais do IBGE e do Painel Coronavírus do Ministério da Saúde.
24 Dados da Síntese dos Indicadores Sociais do IBGE.
25 Calculado a partir das estatísticas do Tesouro Nacional.
26 Dados do Tesouro Nacional.
27 Ver Aklin *et al.* (2021).
28 Há pouca transparência e escasso material sobre a iniciativa. Sobre isso, ver, por exemplo, a notícia do portal do Ministério da Economia de 1º de dezembro de 2022 intitulada "Iniciativa de mercado de capitais encerra ciclo 2021/2022".

29  Ver matéria do *Poder360* de 17 de julho de 2022 intitulada "Bolsonaro arrecada R$ 304,2 bilhões com privatizações".
30  Ver matéria do *Poder360* de 3 de março de 2021 intitulada "BNDES se desfez de R$ 74 bilhões em ações durante governo Bolsonaro".
31  A TJLP foi substituída pela TLP (Taxa de Longo Prazo) em contratos de financiamento firmados a partir de 1º de janeiro de 2018, ainda no governo Temer. A TJLP era formada pela inflação prevista mais um prêmio de risco; já a TPL tem valor próximo a uma NTN-B de cinco anos.
32  Para uma análise do processo de fatiamento da Petrobras, ver Laier *et al.* (2022).
33  Dados do IBGE.
34  Dados da OCDE.
35  Na mesma linha, Pires *et al.* (2019) apontam que uma característica da lenta recuperação é a letargia da demanda e a ociosidade dos fatores de produção.
36  Dados do IBGE.
37  *Ibid*.
38  Trata-se da série de rendimento médio habitual real, como discutido em IPEA (2023).
39  Sobre a evolução do índice de Gini dos rendimentos do trabalho, ver IPEA (2023).
40  Entra-se no mapa da fome das Nações Unidas quando mais de 2,5% da população está sujeita à falta crônica de alimentos. O Brasil saiu do mapa da fome em 2014 e voltou em 2018. Sobre isso, ver notícia do *G1* de 27 de novembro de 2023 intitulada "Como o Brasil saiu do mapa da fome em 2014, mas voltou a ter índices elevados de miséria".

## Considerações finais

1  Cálculos feitos a partir dos dados do IBGE.
2  Ver notícia do *UOL* de 1º jan. 2023 intitulada "Leia na íntegra os discursos de Lula na posse".
3  Dados apresentados em Dweck, Rossi e Mello (2020).

**Acreditamos
nos livros**

Este livro foi composto em Adobe Garamond Pro
e impresso pela Gráfica Santa Marta para a Editora
Planeta do Brasil em agosto de 2024.